从 0 到 1 开公司：新手创业指南
(第 2 版)

查 理 编著

清华大学出版社
北京

内 容 简 介

本书由历经公司从初创到上市的创业老兵编写，笔者作为上市企业初创团队 05 号员工，经历万人以上规模企业的组织管理实践，具有世界 500 强、纳斯达克上市企业的管理经验，也具有互联网创业实战经验，参与公司在美国的兼并与收购的业务，深谙创业生存、股权分配、激励与融资等模式，本书将分享如何从 0 到 1 创业和打造公司。

本书不仅有笔者践行的 POA 极简商业思维，从"伙伴 P""目标 O""方法 A"三大维度来帮助大家提升创业的成功概率，而且还有从务实到创业的各个细节的内容，如创业准备、寻找搭档、注册公司、财务管理、股权分配、股权激励、商业谈判、企业融资，以及公司的制度建立、员工管理、利润提高、创业陷阱等，都一一进行详细解说，创业毕竟就如千军万马过独木桥，各个细节都要考虑周全。

本书不仅适合准备创业与即将创业的新手，同时适合股权激励、企业融资等各种创业人群。

本书封面贴有清华大学出版社防伪标签，无标签者不得销售。
版权所有，侵权必究。举报：010-62782989，beiqinquan@tup.tsinghua.edu.cn。

图书在版编目(CIP)数据

从 0 到 1 开公司：新手创业指南/查理编著. —2 版. —北京：清华大学出版社，2020.5 (2024.6重印)

ISBN 978-7-302-55427-1

Ⅰ. ①从… Ⅱ. ①查… Ⅲ. ①创业—企业管理 Ⅳ. ①F272-2

中国版本图书馆 CIP 数据核字(2020)第 081997 号

责任编辑：张　瑜
装帧设计：杨玉兰
责任校对：周剑云
责任印制：杨　艳

出版发行：清华大学出版社
网　　址：https://www.tup.com.cn, https://www.wqxuetang.com
地　　址：北京清华大学学研大厦 A 座　　邮　编：100084
社 总 机：010-8347000　　邮　购：010-62786544
投稿与读者服务：010-62776969, c-service@tup.tsinghua.edu.cn
质量反馈：010-62772015, zhiliang@tup.tsinghua.edu.cn

印 装 者：大厂回族自治县彩虹印刷有限公司
经　　销：全国新华书店
开　　本：170mm×240mm　　印　张：15　　字　数：284 千字
版　　次：2016 年 11 月第 1 版　2020 年 7 月第 2 版　印　次：2024 年 6 月第 6 次印刷
定　　价：49.80 元

产品编号：086868-01

推荐序一　让创业的难度能降低一点

不管是在中国还是在美国,大规模的创业者是经济发展的必要元素。

在改革开放的大背景下,很幸运的是如今全中国有大量优秀人才在努力创业,但不幸的是创业本身是一件非常不容易的事情。

相比美国,中国的创业环境和支持力度总体上更加薄弱,特别是对于第一次创业的新手来说。

本书针对创业新手,查理通过他本人丰富的创业经历给创业者提供了很多具体实在的建议,比如如何注册公司、融资、股权分配、现金流管理等。这些都是大量的创业者面临的共同困难,创业者能在这本书里学到基本的精髓。

非常希望这本书能给很多新的创业者带来实际的帮助,也希望中国的创业环境逐步改善,让创业的难度降低一点,让中国的经济能够更有活力和发展前途。

朱　磊

赛伯乐投资集团创始合伙人

推荐序二　创业者起步前要学习什么？

我个人观察，创业梦想一旦激活，创业者会分两种行为模式。

一种是言必称商业模式，拿着 PPT 说梦想，想获得投资人的青睐加速做大；一种是踏踏实实跑市场接触用户，研究市场需求，以寻找适合自己生存的"蓝海"。

两种模式都有人成功有人失败。在我个人看来，失败率或许差不多。没有拿到融资的说不定失败率更高，只不过没有曝光，静悄悄地生，静悄悄地灭，不为人知而已。

活下来的创业者，好比是自然界里最能适应环境变化的物种，越是面临不确定性，越是兴奋地意识到自己跃迁的机会来了。所谓进化，对创业者而言不过是学习力、意志力、领导力的综合比拼。

但我也很遗憾地发现，太多年轻的创业者是被情怀驱动、被时代的机遇驱动，去投身新的事业，却没有好好思考过，作为一名创业者，到底应该做好哪些知识贮备。

我身边的创业者，往往忽略了做好一件事，可能只需要个人能力；做大一件事，就需要带团队、守规则、讲利益，个人业务能力再拔尖，也远远不够。

太多创业者在下海之前，忽略了对公司模式、合伙股权、财务合规、税务筹划、商业模式的学习，结果事业倒是进展不错，但最后不是公司财务账目一团糟频频触雷，就是用人失察缺乏利益机制约束内部起火。

我身边的创业者都是边干边学，业务发展越快，公司管理规范化隐患就越多。我过去读书，读到管理不规范，虽然能看懂字面意思，却不能真正理解落实到实践中的含义。直到我自己开公司，才理解一个好会计的价值，理解认真学习税法的价值，但也交了不少于 50 万元的冤枉学费。

更惨的是，很多创业合伙人是"因为梦想在一起，因为利益而分手"，其实利益谈不拢分手很正常，不正常的是绝大部分创业者一开始就没有约定退出条件，等到大家对经营方向看法不一致了，要花费巨大精力去做内部调整，甚至好好的公司就自己折腾垮了。

现在太多节目里的创业者见投资人，都被问你有什么梦想，我很期待投资人问一句，你为创业都做了哪些准备？

有些准备很难，有些准备很容易，比如关于公司注册到合伙股权的入门知识，只需要一本书就能学到。

教人发财的书总是好卖的，教人规避风险的书总被忽视。但真正的创业者，恰恰应该把风险管控放在第一位，小心分析后再大胆出击。

所以我诚意推荐查理老师的这本《从 0 到 1 开公司：新手创业指南》，这本充满实操经验的书，看懂了每一章，其实都帮创业者规避了成立公司路上的一大风险。

未来是一个不确定性越来越大的时代，如何减少不确定性？请创业者在起步之前，不妨多一点商业知识的贮备，这就是我的一点忠告。

秋　叶

秋叶 PPT 创始人

序　言

> 如果你爱他，就让他去创业，因为那是天堂；如果你恨他，就让他去创业，因为那是地狱。
>
> ——题记

选择创业，就是选择了一种生活方式，未来在前方等待你的结果，也只有三种可能：成为"独角兽"；成为"毒角兽"；只是"兽"，但没有了角。

笔者写序之时，北京已经迎来 2019 年的第二场大雪，许多创业公司却没有挨过这个寒冬。2019 年，300 多家企业在经历裁员、欠款，甚至跑路后，最终倒下，从社交电商、生鲜、电子烟、教育、P2P 到长租公寓等领域，无一幸免，有些死得轰轰烈烈，有些却消失得悄然无息。

退潮之后，曾经踩在热钱上的弄潮儿是最刺眼的。大环境变化了，投资人更谨慎了，商业模式更加回归本质了。对于经营不善的创业公司，这是最坏的时期；对于创业教育而言，这却是最好的时期。各类牛鬼蛇神留下的一地鸡毛都是活生生的创业教育案例，其中涉及思维、涉及人性、涉及商业的本质。

目前，创业教育基本源于欧美的商课教育体系，创业要学什么也没有形成统一的认知。欧美的创业教育体系，大致分为 3 类。

(1) MBA 课程融合创业的案例。

(2) 创业阶段逻辑。

(3) 创业知识模块。

其重点也是培养职业经理人，并不是将经验给予在商场厮杀的创业者，你可以借鉴，但往往无法复制。

那么，在中国这样一个商业生机勃勃的大环境下，创业者究竟需要具备什么要素呢？结合老祖宗的智慧，我觉得需要"道""法""术"相结合。

"道"：创业者创业的初心和个人追求。

"法"：创业思维框架，创业智慧和格局。

"术"：实操的知识、经验和实践。

你需要一个全新的商业思维为你保驾护航，全新的商业思维主要起到以下两个层面的效果。

(1) 教会你如何全面下载信息。

客观的信息如果没有被无损下载,你的商业决策会出现重大误判。

(2) 教会你如何处理信息。

处理信息的过程反映了个人的思维逻辑,受到个人历史经验、认知水平、格局大小等各种因素影响。如果你在创业,这些处理的结果会在商业组织和市场上得以放大,往往会加速你创业的成功或失败步伐。

创业者如何快速拥有一套自己的思维框架和组织发展的仪表盘呢?这部分也是我认为对于创业者而言最困难的部分。

POA 商业极简思维就是一种简单高效的思维方法,它从"伙伴 P""目标 O""方法 A"3 个维度——对问题和局面进行了分类梳理。

这种思考方法取代了把所有信息混在一起思考的做法,让问题解决的过程变得简单且有效,帮助创业者面对纷繁复杂的内外部环境,有效思考,找到突破口,带领团队找到正确的方向。

它能把创业者"道"层面的内容显性化,用团队听得懂的语言和形式表现出来,避免了因认知不同造成的理解不一致和分歧。

有了好的思维保驾护航,创业过程中事无巨细的各层面实操,我们同样会给你指导,手把手教你创业每个环节的知识点、实操经验和关键点。

在本书中,我们从创业的极简思维起航,你可以了解应知应会的内容,从公司相关的概念到如何实操进行公司注册;你可以学习到如何为自己的公司甄选人才,如何找寻合作伙伴;你更能深入剖析股权生命周期的相关重点,从设计、分配、激励、退出 4 方面,确保创业的核心利益;你会提升对于商业模式的认知,开始了解融资的点点滴滴;最后,更能从我们罗列的创业陷阱中找到可以规避的坑。

创业是一件很有情怀的事,但只讲情怀是很容易失败的,所以本书从前两章的思维导航,到后面十多章内容,尽量务实再务实,希望每一节实实在在的内容,在创业的路上,都能实际帮到你。

本书是创业地图,是有温度的创业导航,随手翻翻定能开卷有益,就算束之高阁,它也会静静陪伴,等待你的召唤。

查 理

目录

第1章 极简思维：如何迅速提高创业成功率 1

- 1.1 极简思维，四个了解 2
  - 1.1.1 我们的思维需要"微"进化 2
  - 1.1.2 初步了解极简思维 5
  - 1.1.3 了解在创业中的"方法手段" 7
  - 1.1.4 了解创业的"目标" 9
- 1.2 企业管理，三个运用 10
  - 1.2.1 极简思维的嵌套使用 11
  - 1.2.2 极简思维内部逻辑关系 11
  - 1.2.3 极简思维在企业中的实际运用 13

第2章 团队思维：极简思维在团队模式中的运用 15

- 2.1 极简思维，两个作用 16
  - 2.1.1 有方向的战略促进企业发展 16
  - 2.1.2 制度对于公司的重要性 18
- 2.2 成功之道，三个启发 20
  - 2.2.1 郭士纳的经验对创业者的启示 21
  - 2.2.2 郭士纳的教训对创业者的启示 24
  - 2.2.3 郭士纳打造的企业文化对创业者的启发 26

第3章 创业准备：注册公司前必须了解的知识 31

- 3.1 公司性质，四个要点 32
  - 3.1.1 有限责任公司 32
  - 3.1.2 股份有限公司 33
  - 3.1.3 工作室和个体户 34
  - 3.1.4 公司和个体户商户的区别 36
- 3.2 注册知识，五个不同 38
  - 3.2.1 注册门槛的选择 38
  - 3.2.2 母公司、子公司、分公司、控股公司的区别 39
  - 3.2.3 法人和股东的区别 39
  - 3.2.4 董事长、CEO和总裁的区别 41
  - 3.2.5 空壳公司与公司破产 44

第4章 寻找搭档：如何选择志同道合的合伙人 47

- 4.1 寻找搭档，四个途径 48
  - 4.1.1 通过自身关系网寻找 48
  - 4.1.2 通过弱联系寻找 49
  - 4.1.3 通过聚会寻找 49
  - 4.1.4 通过猎头寻找 50
- 4.2 吸引合伙，三种方法 51
  - 4.2.1 包装自己 51
  - 4.2.2 了解对方 52
  - 4.2.3 构建理念 56

第5章 注册公司：怎么注册属于自己的公司 59

- 5.1 注册准备，三个要素 60
  - 5.1.1 明确注册地址 61
  - 5.1.2 明确注册资本 61
  - 5.1.3 起草公司章程 62

5.2 注册事宜，五个要点 64
    5.2.1 注册公司需要的资料 64
    5.2.2 注册公司需要的费用 65
    5.2.3 为公司取一个好名 65
    5.2.4 如何注册一个商标 67
    5.2.5 如何选择公司办公地址 68
5.3 银行验资，三个要点 69
    5.3.1 银行验资需要什么资料 69
    5.3.2 开设一个临时账户 70
    5.3.3 验资的具体流程 70

第 6 章 财务管理：有哪些合理避税节税的方法 71

6.1 财务基础，三个了解 72
    6.1.1 了解 10 个财务术语 72
    6.1.2 了解财务报表 73
    6.1.3 了解记账方法 75
6.2 税务基础，四个掌握 77
    6.2.1 掌握税务登记流程 77
    6.2.2 掌握公司应该缴的税有哪些 77
    6.2.3 掌握节税的常用方法 79
    6.2.4 掌握公司报税的流程 80

第 7 章 股权分配：如何合理分配初创公司股权 83

7.1 分配准备，五个要点 84
    7.1.1 确定公司创始人 84
    7.1.2 合理分配股权 85
    7.1.3 股权架构 86
    7.1.4 分配机制 87
    7.1.5 股份绑定 89
7.2 分配机制，五种类型 90

    7.2.1 夫妻股东 90
    7.2.2 两人合伙 91
    7.2.3 三人合伙 92
    7.2.4 多人合伙 93
    7.2.5 员工股权 95
7.3 分配策略，四个核心 96
    7.3.1 核心思想 96
    7.3.2 价值导向 99
    7.3.3 企业文化 100
    7.3.4 杠铃策略 101

第 8 章 股权激励：全面挖掘公司参与者的潜力 103

8.1 股权激励，两个内容 104
    8.1.1 审批方案 106
    8.1.2 "六定"原则 107
8.2 落实方案，四个要点 115
    8.2.1 实施原则 115
    8.2.2 实施流程 116
    8.2.3 实施机构 124
    8.2.4 实施要点 127

第 9 章 退出机制：合伙人退出机制如何规则化 131

9.1 股权退出，六种机制 132
    9.1.1 公司创始人退出机制 132
    9.1.2 股权投资人退出机制 132
    9.1.3 股权合伙人退出机制 133
    9.1.4 联合创始人退出机制 133
    9.1.5 持股员工退出机制 134
    9.1.6 特殊情况退出机制 135
9.2 股东退出，六种方式 135
    9.2.1 IPO 退出方式 136

- 9.2.2 并购退出方式 136
- 9.2.3 新三板退出方式 136
- 9.2.4 借壳上市 137
- 9.2.5 股权回购 138
- 9.2.6 破产清算 138

9.3 股权转让，六个要素 139
- 9.3.1 股权转让流程 139
- 9.3.2 股权转让盈利 140
- 9.3.3 转让协议与手续 141
- 9.3.4 需要缴纳税款 143
- 9.3.5 变更公司登记 144
- 9.3.6 其他情况下的股权转让 ...144

第10章 谈判准备：拟定一份优秀的商业计划书 147

10.1 优秀结构，五个要点 148
- 10.1.1 应该具备的要素 148
- 10.1.2 重视商业计划书框架 150
- 10.1.3 分析独特性与形势 151
- 10.1.4 用引言透露融资核心思想 152
- 10.1.5 图文并茂吸引投资者眼球 152

10.2 优秀内容，七个关键 153
- 10.2.1 最能打动投资人的市场调研 153
- 10.2.2 体现项目的相关优势 154
- 10.2.3 推出合理的营销策略 155
- 10.2.4 展现具有战斗力的团队 ...156
- 10.2.5 制订缜密周全的融资计划 157
- 10.2.6 摆出具有说服力的权威数据 157
- 10.2.7 指明投资人的退出途径 158

第11章 融资有道：驾驭资本让自己的公司腾飞 159

11.1 股权融资，三个要点 160
- 11.1.1 股权融资利弊 160
- 11.1.2 股权融资条款 162
- 11.1.3 股权融资方式 163

11.2 更多融资，六个技巧 171
- 11.2.1 "十不投"原则 171
- 11.2.2 投资机构 172
- 11.2.3 估值融资 173
- 11.2.4 花钱技巧 174
- 11.2.5 处理关系 175
- 11.2.6 掌握控股权 176

第12章 商业谈判：尽情施展你口若悬河的本事 177

12.1 谈判策略，两个要点 178
- 12.1.1 谈判窍门盘点 178
- 12.1.2 谈判策略有哪些 179

12.2 谈判方法，两个明白 182
- 12.2.1 明白有哪些实用的谈判理论 182
- 12.2.2 明白有哪些实用的谈判技巧 183

12.3 商业合同，两个注意 184
- 12.3.1 有哪些合作要点需要注意 184
- 12.3.2 有哪些违约要点需要注意 184

第 13 章 公司制度：以人性化的管理增强竞争性 187

13.1 公司制度，三个部分 188
- 13.1.1 入职手续 188
- 13.1.2 加班制度 190
- 13.1.3 请假制度 190

13.2 薪资构成，五个要点 191
- 13.2.1 薪资结构 191
- 13.2.2 薪资等级 192
- 13.2.3 激励机制 193
- 13.2.4 特殊人才处理 194
- 13.2.5 薪资争议处理 195

第 14 章 员工管理：从茫茫求职者中挑选出人才 197

14.1 招聘员工，两个要素 198
- 14.1.1 招聘渠道 198
- 14.1.2 了解面试者的能力 200

14.2 培训员工，两个重点 201
- 14.2.1 培训流程 201
- 14.2.2 淘汰机制 202

14.3 考核机制，三种方法 202
- 14.3.1 图尺度考核法 203
- 14.3.2 交替排序法 204
- 14.3.3 配对比较法 205

14.4 离职处理，三个步骤 205
- 14.4.1 了解员工离职原因 205
- 14.4.2 设置离职流程 206
- 14.4.3 离职善后工作 207

第 15 章 企业进化：如何最大限度地提高公司利润 209

15.1 公司发展，三个策略 210
- 15.1.1 公司发展战略有哪些 210
- 15.1.2 整合资源 212
- 15.1.3 加强现金流管理 213

15.2 生生不息，两种方法 214
- 15.2.1 提高利润 214
- 15.2.2 拥有大格局 215

第 16 章 创业陷阱：盘点初创公司最常见的陷阱 217

16.1 股权陷阱，三个问题 218
- 16.1.1 股权架构问题 218
- 16.1.2 分配股权问题 219
- 16.1.3 股权激励问题 220

16.2 融资融资，两个注意事项 223
- 16.2.1 注意股权融资陷阱 223
- 16.2.2 注意股权融资风险 223

第1章

极简思维：如何迅速提高创业成功率

学前提示

思维对一个人的重要性是不言而喻的，一个人的思维方式决定了一个人看待问题的方式和深度。那么，在创业过程中，创业者遇到思维盲区和找不到出路时该怎么办？创业者需要哪些新思维，摒弃哪些固有的旧思维，才能提高自己的创业成功率？本章的极简思维将给你答案。

要点展示

- 极简思维，四个了解
- 企业管理，三个运用

1.1 极简思维，四个了解

世界日新月异，各种新兴事物层出不穷，那么在变化如此迅速的今天，我们应该以什么样的思维去创业、去发展壮大自己的公司呢？

1.1.1 我们的思维需要"微"进化

史蒂文·斯皮尔伯格执导的冒险科幻电影《侏罗纪公园》是一部展现人类企图通过控制 DNA 生命密码来主宰恐龙生命延续的大片，科学家利用凝结在琥珀中的史前蚊子体内的恐龙血液提取出恐龙遗传基因，将已绝迹 6500 万年的史前庞然大物复生。

人类为了防止恐龙繁殖，复活生产出来的都是雌性单性恐龙，但"进化"的力量是任何事物都无法阻挡的，恐龙融合了蛤蟆基因补全了基因片段，恐龙可以自己变性，进行繁殖。如图 1-1 所示，为《侏罗纪公园 2》电影海报。

图 1-1 《侏罗纪公园 2》电影海报

电影中有句经典台词——Life will find its way out(生命会自己找到出路)，这是对人类企图挑战和控制生命的巨大讽刺。所有设计、规划、防范的措施在生命寻求自己成长的道路上都显得苍白无力，哪怕一个"微小"的机会窗口都会被"进化"捕捉到。

塔勒布在《反脆弱》一书中提到两个概念——"平均斯坦"和"极端斯坦"。如图 1-2 所示，为塔勒布的《反脆弱》的封面。

"平均斯坦"和"极端斯坦"的具体内容，如表 1-1 所示。

图 1-2 塔勒布的《反脆弱》

表 1-1 "平均斯坦"和"极端斯坦"的具体内容

概念	解说
平均斯坦	"平均斯坦"虽然平时会有看似非常众多的波动性，但长期汇总后是可以互相抵销的，并不会造成太大的后果，虽然充满许多小波折，还是属于波动范畴内
极端斯坦	"极端斯坦"正好相反，平时大部分时间看似非常稳定，但偶尔陷入较大混乱后，就会出现严重的后果，发现突变，这算是跳跃范畴了。"进化"是"极端斯坦"的正向表现，发生了跳跃，只不过是越来越好，越来越先进，越来越适应环境

但"极端斯坦"的另一面就不会这么友好了，它展现的是一群没有丝毫准备的人面对突变无奈的画面。大多数人都在自己的固有思维中被"圈养"，已经不需要启动"慢思考"就可以继续维持下去了，硬生生地把自己这个有机体变成了机械体。

古典老师在《跃迁》一书中有这么一句话，我深以为然，"如果我们还顶着从非洲大草原进化来的大脑，装着工业时代的思维、操持着过去学校里学到的技能，也许还能蹦跶几年，但长远来看终将被淘汰。"

工业时代的思维是基于泰勒的"还原论"，认为万事万物是"发条式的世界"，一切按部就班，可以控制，可以预测。这种思维厌恶随机性，它把世界当作机械体来看待。

和现在社会如此格格不入的思维却是实实在在的存在，这就是认知差异。人和人之间的不同很大程度上就是在于认知差异，认知一共有 4 个层级，如图 1-3 所示。

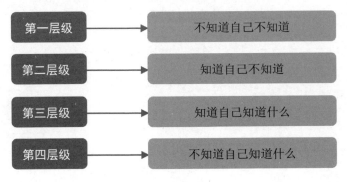

图 1-3 认知层级

大多数人都在第一层级徘徊，能进入到第二层级的，已经算是突破了个人定位的界限，毕竟承认自己不知道不仅仅是一个技术问题，更是自我价值的定位问题。突破了第二层级，也就像战机突破了音障，伴随着音爆扬长而去，留下的只有膜拜者崇拜的眼光。

思维提升可以带来全新的视角去看待和收集信息，同时可以带来全新的信息处理机制，但思维的突破也是进化的"深水区"，你需要和固有的习惯作斗争，和固有的价值观作斗争，"破山中贼易，破心中贼难"此之谓也。

《孟子•告子》曰："心之官则思，思则得之，不思则不得也。"意思是说心的功能在于思考，思考了就能领悟到万物的真谛，不思考则难以领悟。古人认知有限，他们认为心主导思维，所以思想、感情等都汇集在心上。我们要讲的就是这个"心"字，是 Think 的意思，而不是物理器官 Heart。

早几年，我们有热词"互联网思维"、有"风口论"，我们也有类似马云、雷军、刘强东、任正非等企业大佬的语录和金句，但如果只是熟记其内容，恐怕也很难做出一番事业来。

雷军曾经说过："站在风口，猪也能飞起来。"这当然只是雷军自谦的话，仔细想想，如果风过去了，谁会掉下来呢？风不会一直刮，风口也不会原地静止，但还是可以看到真正的大佬是一直在飞的，管它云卷云舒、潮起潮落。

对于商业大佬来说需要思维提升，而初创企业的领导人尤其需要提升自己的思维，那么创业者需要怎么提升自己的思维？提升思维的具体方法如表 1-2 所示。

表 1-2　如何提升自己的思维

概念	解说
独特的思维模式	这种趋势稳定的背后一定是创始人独特的思维模式，也只有这种在思维上的绝对高度才能出现华为的备胎计划和埃隆•马斯克的移民火星计划
思维需要依赖框架	思维是一种路径，既然是路径，就会有依赖问题，例如说一个习惯、一个框架、一个定式。只要是在同一个思维框架下，哪怕表现不同也会归为一类
需要打破惯性思维	创业者太忙缺时间或太穷缺钱都会变傻，从而陷入同一种思维模式。思维"惯例"的打破和进化是需要干预的，而思维是由问题引出的，有了问题才会激发思维
思维需要自己干预	思维改变需要干预，给自己找个工具，它足够简约、足够直接，以它作为支点去撬动自己的"进化"

《易经》曰："穷则变，变则通，通则久。"于是我们知道了"穷则思变"的道理，但关注点只放在了最后一个"变"字上，忽略了最关键的"思"。加之目前社会人们普遍焦虑，总觉得要做些什么才能缓解、才跟得上社会节奏，生怕拉低了社会"活力"的平均值，于是不管"真穷"还是"假穷"，不管是"身穷"还是"心穷"，反正先动起来再说。于是出现饥不择食、慌不择路、病急乱投医的情况，陷入"穷途"的人往往更失去了思考的能力，进入恶性循环，成了折腾。

哈佛终身教授穆来纳森的研究表明，在长期资源(钱、时间、有效信息)匮乏的状态下,对这些稀缺资源的追逐,已经完全占据了人们的心智,以至于对于更重要更有价值的信息视而不见,造成焦虑情绪和资源管理困难,从而形成恶性循环。在穆来纳森教授看来,忙忙碌碌有钱没时间的企业白领高管和有时间没钱的小商贩是同一种状态,一种长期资源稀缺培养出的"稀缺头脑模式",穆来纳森教授称之为"决策带宽"(Bandwidth)。

彼得·德鲁克说:"不要只顾低头拉车,还要及时抬头看路。"只有开始不断地问自己"这是我要走的路吗?方向对吗?"才有可能突破认知的第二层级:知道自己不知道的东西。

哲学家王尔德说:"我们都生活在阴沟里,但仍有人仰望星空。"因为把我们从"阴沟"里解救出来的,正是对于星空的向往,而不是对于"阴沟"的厌恶。拥抱星空的画面和"阴沟"的阴森形成了强烈的痛点,是激发问题的动力源泉,进而由问题引出思维:"我们该如何离开阴沟拥抱星空?"

1.1.2　初步了解极简思维

2019 年 7 月 17 日,有家叫 Neuralink 的美国公司正式对外展示了其全新的神经接口技术,也称为脑机接口技术。这种脑机接口技术可以通过获取高质量的大脑皮层信号来读取大脑中的数据,在人或动物大脑和外部机器设备之间建立直接的通路沟通系统,人类真正可以通过"意念"来控制各类设备和操作。如图 1-4 所示,为脑机接口技术模型。

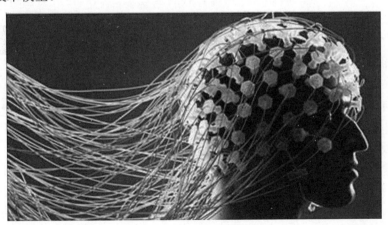

图 1-4　脑机接口技术

只要大脑一发出信号,机器马上就能捕捉并且立即执行大脑的指令,想你所想、做你想做。换句话说,还记得《阿凡达》电影里的潘多拉星球上的土著纳美人吗?土著纳美人可以将自己的尾巴当数据线,随时随地和万物互联沟通,有了这个酷炫高逼格的"脑机接口技术",你也可以获得同样的效果。

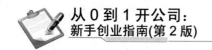

神经连接公司(Neuralink)的创始人曾经说过:"未来我们将会是半机器人,现在手机、电脑就是你的拓展,手指的操作或语音指令就是交互接口,但这种交互实在太慢了。"为了加快人机的交互速度,于是他研究创立了脑机接口公司。

这个 Neuralink 的创始人不是别人,正是大名鼎鼎的埃隆·马斯克(Elon Musk)。他可以说是当今硅谷乃至全世界商业的标杆人物。他为了把人类送上火星,搞了 Space X(太空探索技术公司),自己造火箭发射飞船,还能把火箭回收反复利用,称赞他的话中最有分量的一句就是:世界上能造火箭的有中国、美国、俄罗斯还有马斯克。

同时,他还是 Tesla(特斯拉)的老板,一个要颠覆传统燃油车的智慧有机体,连"车"这个机械体的代名词都已经不能用在 Tesla 身上了。

这些酷炫的产品和构思只是展现在世人面前的成果,马斯克背后思考的逻辑和方法论更是引爆了舆论,引发了大规模的刷屏,这就是神秘的第一性原理。

马斯克在接受 TED 记者采访时说:"我觉得物理学中有一种好的思维框架,就像第一性原理(First Principles Reasoning)。我觉得这个方法可以让事情尽可能简化,最终寻求到根本实质,你必须反复提炼最基础和最根本的东西。"

第一性原理是一种演绎法思维,讲究推理,讲究数据和公式。和它相对的是归纳法和经验主义。用文艺一些的话说就是:不要问我太阳有多高(这不是本质),我会告诉你我有多真(这是核心)。

举个例子对比一下,假如时间倒流,你带着记忆回到过去,阴差阳错成了泰坦尼克的船长,提前知道会遇到一个巨大的冰山。

如果你是归纳思维的人,你会这么考虑:上次撞船的那个冰山看上去很小,但实际上水面下还有一个巨大的冰山,就是水下这个巨大的冰山划破了泰坦尼克的船,导致灾难,这次我要绕过去,拯救船上的人,从而改写历史。

如果你是演绎思维的人,你会这么考虑:这个冰山浮在水面上,根据浮力公式,$F_{浮}=G_{排}$(浮力等于物体排开液体的重力),所以水下应该有个足够支撑浮力的体积,我必须绕开,拯救船上的人,从而改写历史。

在力学三定律出现之前,每个人对于"力"的描述都是上面说的"归纳法",来源于自己观察和经验,五花八门的理论层出不穷。于是有人说力就是风,有人说力就是水等。这个时候,牛顿提出了力学公式,用一个"第一性原理"把力的本质说明白了,管你是云是水是雾还是风,都跑不出这个公式。

基于第一性原理,我们提出极简思维概念,它包括伙伴(Partner)、目标(Objective)、方法手段(Acceleration)三个内容,如图 1-5 所示。

极简思维公式代表的是做一件事的行动指数,如表 1-3 所示。行动指数高,说明成功的概率高;行动指数低,说明成功的概率低。

第1章 极简思维：如何迅速提高创业成功率

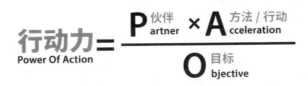

图1-5 极简思维概念

表1-3 极简思维公式

概念	解说
伙伴(Partner)	根据极简思维公式，如果代表"伙伴(Partner)"的数值越大，行动指数就越高，代表着可能成功的概率也越高，这就是古人说过的"得道多助"，指的是扶持的伙伴越多，做成这个事情的概率越大，反之就是"失道寡助"了
方法(Acceleration)	Acceleration是加速度的意思，这里引申为"方法"，这个"方法"必须和极简思维行动所要达到的目标一致，不能南辕北辙。"方法"数值越大，则极简思维行动指数就越高，也意味着成功的概率越大。我们总说："办法总比困难多。"通过这个公式，我可以给这句话加一个词——"有效的办法总比困难多。"
目标(Objective)	Objective是目标的意思，在这个公式里"目标"越大，极简思维行动指数就越低，能成功的概率就会越小。有一个句式大家一定很熟悉，一般都是在领导布置任务的时候会被反复用到——"既要……，又要……，还要……"按照上述的极简思维公式来看，"目标"太多，事成的可能性就大大降低

举个最简单的例子，如果你的女性朋友希望你帮她找个男朋友，标准就三个字：高、富、帅。择偶的目标就有三个了，这时行动指数就会降低，你的直观感觉就是无从下手。

怎么办？你可以参照我们这个极简思维行动指数，通过减少"目标"的数量以提高成功概率。你让她在"高、富、帅"三个字之间排个序，依次明确目标。

如果她选择了"高、帅、富"这个顺序，你就先带她去篮球队，让她再看看哪几个小鲜肉属于帅的范畴，选出来后再问问哪几个属于富二代。

1.1.3 了解在创业中的"方法手段"

1954年，管理泰斗彼得·德鲁克(Peter Drucker)写了一本叫《管理实践》的书，如图1-6所示。在这本书里，德鲁克提出了"目标管理"这个经典的工具，可惜演变到现在，却成了最大的"背锅"工具，目标管理已经成为KPI的同义词，而KPI

俨然已经成为"现代枷锁"的代名词。

书中，德鲁克详细地说明了工作和目标之间的关系：并不是有了工作才有目标，而是有了目标才有工作，如果一个领域没有目标，这个领域的工作必然被忽视。管理者应该通过目标对下级进行管理，确定了组织目标后，必须对其进行有效分解，转化为部门及个人的目标。

这段阅读经典，已经清清楚楚地说明了"目标"是什么，但我们却硬生生地把"目标"张冠李戴成了"指标"。

指标是一堆数据，达到给奖励，达不到就惩罚，这是典型的泰勒传统管理方式。泰勒的著作《科学管理》是人类第一条流水线的理论基础，即把工人工作节拍标准化，像机器人一样重复做某个动作，而不需要工人去思考和决策，管理者为工人的手脚付钱，而放弃他们的思考。

道斯·麦格里格(Douglas McGregor)是 X-Y 理论的提出者。X-Y 理论是对于人性理解的两种截然不同的假设，如表 1-4 所示。

图 1-6　彼得·德鲁克的《管理实践》

表 1-4　X-Y 理论

概念	解说
X 理论	X 理论假设人性本恶，类似于儒家荀子一样，认为人是天生消极的，是没有工作动力的。 人本性是偷懒不可靠的，只要有机会，就会逃避工作。因此大部分人对于集团目标不关心，需要管理者采取强迫、威胁、规章制度等方式来激发他们，需要施加压力才会愿意接受工作
Y 理论	Y 理论假设人性本善，人并不抗拒工作的，人具有自我调节和自我监督的能力，人们愿意为了集体目标而努力，在工作上会尽最大努力，会发挥自己的才智和创造力。同时，人们希望得到认同、得到赞扬

你觉得德鲁克是秉承 X-Y 理论里的哪种理论呢？他是 Y 理论的支持人，即认为要发挥人的创造力和主动性。所以他的目标管理是以 Y 理论为基础的，人们需要对自己负责。相对于泰勒的传统管理方式，目标管理的本质是重视人的要素。

但我们这些把"指标"当作了"目标"，把完成工作当成了完成"指标"。想想你是如何和自己下属沟通，又是如何和自己老板沟通的，大家对于"指标"的多少进行讨价还价，却没有思考过"目标"到底是什么。

这其中的症结在哪里呢？在于思维的盲区，指标是什么？"指标"讨论的是解决"What"的问题，而"目标"是解决"Why"的问题。

老板给下属布置工作，只会说你需要做什么。这是典型的只告知"What"而不说"Why"的，下属拿到老板布置的工作，只会考虑如何落实这些"What"而不会去思考更宏观的"Why"问题。因此，我们需要老板既要说"What"，又要说"Why"，这个"Why"就是背后的目标"Objective"。

1.1.4 了解创业的"目标"

拔河虽然看似是一项民间的运动，但其实是被国际认可的竞技项目。对于我们普通人来说，平常生活中的拔河对抗，主要就是拼体重，胜利往往属于"吨位"较大的一方。

但在专业的拔河竞技中，技术显得非常重要。专业竞技中，是有全体总体重公斤数的限制的，所以比赛双方体重大致均衡，不会出现一方明显占优的情况。专业拔河竞技以防守为主、进攻为辅，看两队的八个人谁先出现动作变形。

如图 1-7 所示，为专业拔河人员的队形；如图 1-8 所示，为我们普通人的拔河队形。可以看出，图 1-7 为专业的拔河队伍，大家是站成一排的，所有力量都集中在同一个方向上；图 1-8 为业余的比赛，大家是千姿百态，站位一左一右。他们最明显的区别就是方向性。

图 1-7　专业拔河人员的队形

平时我们拔河都有体会，按照图 1-8 的这种站姿，一旦开拔，力量是会被左右分解掉的，经常会看到队伍左右乱晃，这是一个明显的卸力过程，会导致水平的力下降。专业拔河运动员始终保持力在同一个直线上，他们移动步伐都是整齐划一的。

图 1-8　普通人拔河的队形

在极简思维公式中，"Acceleration"是"加速度，加速度的方式"，是一个矢量，是一个有方向的值。这个"Acceleration"需要和什么方向保持一致呢？答案是和目标"Objective"保持一致。

"Acceleration(方法)"和"Objective(目标)"一般有三种对应关系，如表 1-5 所示。

表 1-5　"Acceleration(方式)"和"Objective(目标)"三种对应关系

概念	解说
同向促进关系	"方法"是为了促进"目标"结果达成的，我们可以把"方法"定义为有效的方式和手段，同时说明所用的"方法"的方向和选择的"目标"方向是一致的。这是最完美的匹配，这种"方法"越多，极简思维行动指数就越高，能达成结果的概率就会越大
逆向阻碍关系	"方法"是阻碍"目标"结果达成的，说明"方法"的方向和"目标"是不一致的，甚至是相反的
方法目标不分	这个结论看似荒谬，确实是出现概率最大的情况，"方法"和"目标"常常分不清楚，把"方法"当作了"目标"的情况比比皆是

1.2　企业管理，三个运用

前文已经详细分析了极简思维三大要素伙伴(Partner)、目标(Objective)、方法(Acceleration)，那么在企业管理中，我们如何灵活运用极简思维公式呢？

1.2.1 极简思维的嵌套使用

知名导演克里斯托弗·诺兰(Christopher Nolan)有一部电影《盗梦空间》，影评人说它不仅仅是一部电影，更是一块影史里程碑。电影中主人公可以游走在梦境与现实之间，被定义为"发生在意识结构内的当代动作科幻片"。如图1-9所示，为《盗梦空间》层叠结构。

电影中最烧脑的是主人公可以进入到梦境中的梦境，在看电影的时候常常怀疑自己数学没学好，永远搞不清主人公在第几层梦境，搞不清楚他到底是在现实中还是在梦境中。

极简思维公式和盗梦空间、俄罗斯套娃一样，可以进行嵌套衍生。如图1-10，可以进行垂直的嵌套。

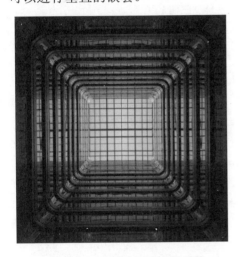

图1-9 "盗梦空间"层叠结构

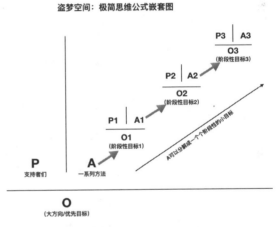

图1-10 极简思维公式嵌套图

极简思维公式层层嵌套，让"目标"从宏观到微观，从设想到落地，每个步骤都清晰可见，可以以图像化展示出来。

1.2.2 极简思维内部逻辑关系

"目标""方式"和"伙伴"三者的关系从两个层面来介绍。
(1) 它们之间应该是怎样的关系，代表着样板关系模式。
(2) 它们之间实际上应该是怎样的关系。

三者最完美的关系如图1-11所示。

一个好的"目标"可以引发共鸣，以此来吸引志同道合的"伙伴"，这些"伙伴"一起来共创更多有效且方向匹配的"方法"，所有的"方法"再共同践行出设定的"目标"。

总而言之,"目标"凝聚"伙伴","伙伴"共创"方法","方法"服务"目标",可以形成一个完美的小循环。

图 1-11 "目标""方法"和"伙伴"三者的关系

言归正传,在思考很多事情的时候,其实这个小循环都会告知你问题可能出在哪里,也给你指明了解决的思路。

如果你的"目标"是想赚钱,那这个"目标"是你自己的,和其他人没有关系,所以按照小循环来看,"目标"无法产生任何共鸣,没有共鸣就没有"氛围",无法凝聚任何伙伴,独立相伴,只能自己挖空心思,陷入个人认知局限中。到头来,想赚钱的"目标"反而很难实现。只有自己一个人,往往就是个体户或者小本生意,为了赚钱而赚钱,钱反而离你越来越远。

想赚钱如果是你一开始的"目标",你也许会暂时找来一群人。找来的每个人都是基于赚钱的目的,则这一伙人是没有统一的"目标",没战术,没战略,各自为战,各显神通,这就是一群"乌合之众"。最终所谓赚钱的逻辑一定是"零和博弈",以在内部损失他人的利益作为基础的。

所以,从源头上"目标"就错了,没有共鸣无法凝聚,没有伙伴没有共创,这个循环是走不下去的。没有理解这个循环受阻的原因,采取的所有方式都是短期的行为,无法持续。

古人很多金句里都包括极简思维这个循环的智慧,这个循环要求我们"目标"能产生共鸣找到伙伴,孟子说过:"得道多助,失道寡助。"仁义的君主会得到多数人的支持帮助;违背道义必然陷于孤立。

在这个循环里,找寻伙伴是关键的一步,我们老祖宗的智慧里有太多的名言俗语,诸如"一个篱笆三个桩""一个好汉三个帮""多一个铃铛多一声响,多一支蜡烛多一分光""孤掌难鸣"之类。

目标凝聚伙伴,伙伴共创方法,方法服务目标,这三句话是循环的核心思想,也是共建循环的重点。在创业和经营公司业务上,如果你感觉事情进行总有问题,不妨自己推演下这个小循环,往往你会发现自己是没有"伙伴"的。在如今这个分工细化、知识泛滥、结构偏平的时代,没有"伙伴"意味着没有资源或者是只有非常有限的资源,也意味着你的时间是无法通过"伙伴"进行平行扩充的,这对于你来说,每天就只有 24 个小时。

1.2.3 极简思维在企业中的实际运用

在开始案例实战分析之前,大家可以先了解一下极简思维的"信息下载象限",如图 1-12 所示。

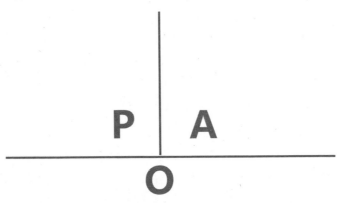

图 1-12 极简思维的"信息下载象限"

这个图很简单,画一个坐标系即可,Y 轴只需要保留上半段,完整的 X 轴和 Y 轴相交。坐标系把空间分为三个部分,按照图 1-12 表述为:"O""P""A"。这个象限图就是"信息下载象限图",在我们面对企业问题需要思考的时候,就把信息填写到对应的象限中,一目了然,然后再去分析这个小循环能否转动起来。

诺贝尔经济学奖获得者丹尼尔·卡内曼(Paniel Kahneman)在《思考,快与慢》一书中提出了人类的两套思维模式:一个快思考模式,一个慢思考模式。前者依赖直觉、无意识的思考系统,后者需要主动控制的、有意识的思考系统。

可惜,上帝创造了人类,但却让人类充满了缺陷。由于天然的惰性,人类很多时候由快思考模式占据主导,会出现太多直觉引发的偏见和失误。

由快思考转为慢思考是需要大量训练的,慢思考是反人类天性和习惯的,人类自然倾向于"懒惰"的一面,让极简思维作为你快思考模式和慢思考模式的桥梁吧。

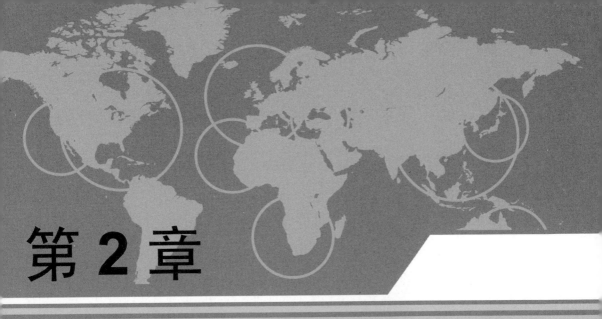

第 2 章

团队思维：极简思维在团队模式中的运用

学前提示

　　本章主要继续介绍极简思维在企业团队中的应用、优秀的制度对公司的重要性，以及 IBM 公司的董事长兼首席执行官郭士纳的经验教训，对于初创公司创业者的启示。

要点展示

- 极简思维，两个作用
- 成功之道，三个启发

2.1 极简思维，两个作用

创业不是一个人的事业，而是一个团队齐心协力共谋发展的事业，那么极简思维模式对创业团队又有哪些启发呢？

2.1.1 有方向的战略促进企业发展

企业或组织不断扩大，企业成立的初心或者说使命已经慢慢地被"组织风格模式"所遮蔽，就像我们常说某人"刀子嘴，豆腐心"，这个前提是你必须和这个人长期生活在一起，你非常非常了解这个人的过往经历。但在真实组织中，没时间没精力，可能更没途径去清楚地了解背后的"豆腐心"，所以"刀子嘴"就成为"组织风格模式"被活生生地呈现在面前了。

只有突破了"组织风格模式"，组织的认知才能提升，才会发现自己现在所想的、所做的是否符合趋势，才能换个视角和思路去处理信息。企业日常管理行为中的面试环节，就是一个和"组织风格模式"匹配的过程，像阿里这样规模的企业，甚至还有"闻味官"——阿里多年的老员工来和面试人员沟通，以确保"组织风格模式"匹配，是可以一路前行的同道中人。

1. 制度促进人的发展

在找到了伙伴之后，面临的是另一个挑战——"组织结构逻辑"。要设计一个合理的"坑"留给伙伴，这个"坑"的是你的企业或者组织进行资源分配的逻辑，如果人岗不匹配造成人员消极、耽误事、时间浪费，会严重地削弱组织的信任，导致更没人怀疑自己的组织有问题，更不相信自己组织风格模式是过时的。

有了优秀的伙伴，创业者需要让其在好的环境中好好地生存发展，营造好环境的最后一个障碍是组织制度系统，一个好的制度可以促人进步，一个不好的制度会毁掉人。

2. 优秀的创业伙伴

优秀的创业伙伴在被委以重任，并处在核心的岗位上时，他们具备了调动资源的权力，他们能清晰地知道初创公司有什么、缺什么、什么能用、能用到什么程度、什么需要借力、该如何与第三方合作，所有这些思考和探究，就是组织对于创业伙伴的诉求，也是这些创业伙伴真正的价值所在。

曾经有一个简单但很经典的问题："为什么身居高位的人往往具体事务并不多，但却能拿到高的回报？"

我看到的最好的解释是：公司支付相当高的代价给予这些掌握决策权的管理人员，目的是为了让他们多作出正确的决策，少作出错误的判断，而这个对错的选择

第2章
团队思维：极简思维在团队模式中的运用

是值这个回报的。

微软 CEO 纳德拉在其新书《刷新》中指出微软的战略需要改变，它已经不需要让每个人都有一台装有 Windows 操作系统的 PC 机了。于是纳德拉提出了微软新的战略：云优先，移动优先。

正是这个新的战略帮助微软成为全世界市值第一的公司，超过了万亿美元市值，如果一定要做个对比的话，这个市值大概等于两个腾讯，25 个百度，两个阿里，比 BAT 三家市值总和还多 1155 亿美元，也就是多出了整整两个京东的市值。

3．优秀的创业伙伴有什么作用？

创业伙伴要做的就是构想新的方法，我们把这个叫作"战略"。"战略"是帮助企业或组织达成目标的方法，"战略"的本质很简单，它不是去考虑明天要做什么的事情，而是考虑今天要做什么，才有明天的事。

之前我们提到过极简思维嵌套，介绍了"方法"这个象限是可以层层嵌套的，其中"战略"就是象限"方法"的嵌套。就像微软 CEO 纳德拉一样，他作为微软新的 CEO，可以算是"伙伴"这个象限中的极致了。拥有微软的强大资源可以帮助支撑他的"战略"构想，他就职后，就需要想微软下一步该走到哪里？微软该如何走？这就是他给予微软指明的新道路。

微软曾经聚焦个人 PC 电脑的操作系统，慢慢地被类似于亚马逊、苹果等做系统、做云数据、做新硬件产品的公司超越，这些超越带来的是微软市值长期的低迷。对于微软来说，低迷带来压力，压力带来剧痛，剧痛带来动力，动力带来行为，纳德拉作为微软历史上第三位 CEO，他需要用全新的视角去看待微软，去处理微软遇到的新老问题。

从微软这个案例中我们可以看出战略的三个特点，如表 2-1 所示。

表 2-1　战略的特点

概　念	解　说
"战略"具有一定的方向	微软 CEO 纳德拉上台之前，微软也是有"战略"的，任何一个可以在商业环境下存活、发展、转型的组织一定都是有"战略"的，唯一的问题就是"战略"的方向是否和新的要求匹配，是否互相促进
"战略"的本质是组织能力	"战略"往往被单独拿出来进行讨论，其实"战略"需要有自己的土壤，你能看到的未必是战略，你能做到的做到极致就成了你的战略。"战略"其实是属于"组织"这个大概念的一个范畴，当我们说某个公司战略好、某个公司战略不好的时候，其本质还是组织能力的问题
"战略"是达成目标的方式	仅仅有"战略"是不够的，它还需要有方向，而方向代表着效率，方向代表性价比，方向代表后续你的资源投入

2.1.2 制度对于公司的重要性

《孟子·离娄上》中有一句话:"不以规矩,不能成方圆。"意思是说如果不凭借规和矩,是画不成方和圆的。

"规"是圆规的意思,"矩"是曲尺的意思。圆规和曲尺是工具,它可以帮助你画出直线、方形和圆形,本质上说,"规"和"矩"是一种限制,是一种规范,它不仅可以让你画出标准的直线、方形或圆形,还可以让所有的人画出同样规范的图案。

所以"规"和"矩"现在就成了一个词语——"规矩",指的就是同样的意思:规范、要求、规则等。

1. 为什么需要规矩?

规矩是一种限制,为什么还要有规矩?答案很简单,通过"规矩",个人达到整体的有序自由,再反过来促进个人的有序自由。"规矩"就像圆规和曲尺,就这么一个工具,不管谁来用,画出的一定是统一标准的图形,这个统一就代表着高效和节约。

交通规矩是红灯停、绿灯行,如果有人不按这个规矩来,非要另起炉灶,必然引发混乱;"斑马线"前车让人,如果有人不按这个规矩来,肯定会有人受伤;商业规则是通过规则树立诚信,减少沟通和交易成本,如果有人不按这个规矩来,肯定成为"失信"人员,没人会愿意和这家公司合作。

没有"规矩"的群体是可怕的,每个人将会按照最有利于自己的方向去奔跑,整体就会陷入恐怖的失控中。

美国在 1968 年有一个"臭名昭著"的暗黑实验,叫作老鼠乌托邦。"乌托邦"(Utopia)这个词最早是古希腊哲学家柏拉图提出的,本意是"没有的地方"或者是"好地方",可以衍生为理想的、不太可能存在的好地方,因此"乌托邦"即"空想的理想国家"。

对于这个实验来说,主角是老鼠,它们是不可能有国家概念的,这里"老鼠乌托邦"指的就是好吃、好喝、好玩地供着,也就是说没有任何限制,即没有所谓的"规矩"。

这个实验是由动物学家、生态学家约翰·卡尔宏(John B. Calhoun)设计和主导的。他把四对老鼠放在了可以容纳 3000 只老鼠的大型容器里,这个容器无限量、无节制地提供水、食物,没有任何外部不利条件,排除了天敌和极端气候。科学家构造了一个"鼠间天堂",老鼠们不用担心刮风下雨,不用担心饿肚子,也不用担心飞来横祸,不用担心被天敌咬死或药死。

关于这个实验过程中老鼠数量的变化,如表 2-2 所示。

第 2 章
团队思维：极简思维在团队模式中的运用

表 2-2　实验过程中老鼠数量的变化

时期	情况
实验初期	俗话说："饱暖思淫欲。"一开始老鼠们开始拼命地繁殖，每 55 天数量就会增加一倍。老鼠繁殖力极强，数量急遽增加
实验中期	到第 315 天，老鼠已经超过了 620 只，曾经是亚当和夏娃的伊甸园开始有些拥挤了
实验后期	鼠群在第 600 天的时候，达到了数量顶峰 2200 只。到 600 天之后鼠群不再有老鼠出生，鼠群的结构和行为已经发生了巨大的变异，出现了类似互相攻击、吃同类、混乱交配、性别模糊、攻击性增强等现象
实验结果	最终结果就是几个月后，老鼠们全部以死亡告终

从老鼠的乌托邦回到我们人类自己的群体，在企业或组织中，规矩就是一系列的制度，不同制度互相作用联动，就构成了"制度系统"，如果这个制度系统没有随着群体的变化而变化，没有起到适当的干预作用，也会给企业或组织带来极大的不确定性和危害。但事实上，企业或组织却经常忽略这个问题。

这个老鼠乌托邦在没有任何规则的情况下彻底崩溃，这个实验带来了极大的震撼，没有制度的组织更加危险，我们不去讨论人性的善恶，但合理的制度体系可以激发个体性格中天使的一面、威慑恶魔的一面。

2．制度的力量

制度的力量是巨大的，制度是对外公开的承诺，不管你怎么说，制度可以确保你最终将会如何做。

"二战"期间，美国空军降落伞出厂的合格率一直保持在 99.9%，单纯从概率上讲，这个合格率已经是非常不错的，但尽管如此，按这个合格率计算，每 1000 个士兵就会有 1 个因为降落伞质量问题而丧命，从绝对值的角度看，又是不能接受的。为此，军方责令厂家必须提供合格率 100%的降落伞才行。

军方要求合理，厂家为难也能理解，这个矛盾僵局如何破解呢？答案就是改制度，改规则，改游戏玩法。军方调整了质量检查制度，每次交货前从降落伞中随机挑出几个，让生产方的负责人亲自实战去跳伞，结果降落伞合格率达到了军方的要求。

这前后的唯一变化，就是制度改变了，让能对结果产生影响的人变成制度的一部分，参与进来。你可以深切地感受到，参与是可以提高积极性的，不管是出于奖励还是保命。

再来感受一个例子，一个和自己利益相关的事例。有 7 个人住在一起，每天用餐的时候都会遇到一个"诛心"的难题——如何分粥，而这时偏偏粥又很有限，如表 2-3 所示。

表2-3 分粥难题

分粥方法	详情
轮流分粥	一开始7个人抓阄，谁抓到谁来分，大家轮流来。结果就是，每周只有自己分粥的这天是可以吃饱的，其他天都是饿着的，每个人在现有规则下按照最有利于自己的方式做事，结果就是大家都不好
贤者分粥	大家推选出一个自称道德高尚的人来分粥，绝对的权力带来权力的腐败，大家互相讨好，互相拆台，7个人弄得山头林立、乌烟瘴气
团体分粥	选举出一个所谓的分粥委员会，流程冗长，决策缓慢，等好不容易吃到粥，粥都凉了
轮流分粥2.0	最终经过几次尝试，想出了一个新制度，还是轮流分粥，但分粥的人要等其他人都挑完后最后一个拿，结果天下太平，为了让自己不吃亏，每个人必须确保分粥公平

如上述案例所示，制度是把双刃剑，既可以激发动力，也可以诱发"兽性"，关键看如何设计，这是集大智慧的过程。

看完上面两个案例，你会明白制度的力量，但制度也是双刃剑，如果制度没有设计好，其负作用也是巨大的，尤其是当公司的很多制度和组织目标已经不匹配的时候，带来的危害更加严重。

一个企业往往都是在"组织制度系统"这个维度里成功地把自己搞死的。企业要加大内部的创新，美其名曰顺应风口，但现有的组织制度系统完全是问责制，没有丝毫的弹性去包容创新可能带来的失败，大家会观察，一个"棒打出头鸟"的制度体系如何鼓励大家去创新？

企业或者组织开始加大力度，一系列为创新而创新的制度出来了，为了迎合制度树立标杆，大家开始学会了"编故事""写剧本"，于是创新有了KPI，创新成为工作的一部分。一旦企业把方式变成了目标，离自残就已不远了。

引用2019年9月10日马云在阿里20周年年会上说的话："今天不是马云的退休，而是一个制度传承的开始；今天不是一个人的选择，而是一个制度的成功。"

愿更多的企业或组织能得益于制度，而不是受制于制度。

2.2 成功之道，三个启发

IBM是全球最大的信息技术和业务解决方案公司，郭士纳曾任IBM公司的董事长兼首席执行官，挽救了IBM这个衰退的蓝色巨人。2010年，郭士纳将自己当年在IBM担任董事长时的经历和所作出的决策写进了《谁说大象不能跳舞》一书中。本节我将会结合自己的感悟解读《谁说大象不能跳舞》。

第 2 章
团队思维：极简思维在团队模式中的运用

2.2.1 郭士纳的经验对创业者的启示

早两年有一个词非常流行，叫作跨界打劫，就是你的主业是 A 但是你却又涉足另外一个行业 B，企图跟 B 行业的玩家进行进一步的竞争。

不管你现在是否为技术大咖，不管你现在是否为产品专家，也不管你现在拥有多少专利，你一旦跨界，也就意味着进入一个全新的领域，那么一切都要从零开始的。这个过程中你学得越快，对这个行业了解得越深，你掉入坑的概率就会越小。

前几年大家也知道，互联网刚刚高速发展的时候，很多互联网的触角都伸入传统行业，有些是成功了，有些撞到了传统行业的壁垒和门槛而以失败告终，而互联网企业的成功其最核心的还是对于商业本质的理解。

而往往越传统的行业，它这个行业的本质是越需要进一步深度挖掘，因为在没有摸清行业的本质之前，所有的一切革新也好，所有的一切颠覆也好，其实都是痴人说梦，都是属于自娱自乐的一个过程。

1. 行业本质

什么是行业本质？行业本质就是这个行业自身的性格特点和规律，你越了解这个行业，那么这个行业就越会让你赚钱。这个其实就是对行业本质最接地气、最直白的一种解释。

举个例子，国内有家企业叫小米，小米最初是做手机起家的，当初它在做手机达到一定的规模，每年差不多拥有几千万台终端的市场保有量以后，小米开始围绕手机去构建一个全新的生态系统。他们在思考一个问题，就是手机我已经有了这么多的终端，那么我们应该做一个什么样的硬件生态系统来和现有的手机的硬件进行匹配，进行产品的对冲和互补。

大家知道小米充电宝做工非常精良，而且价格非常合理，应该说是性价比极高的一款产品，如图 2-1 所示。

我记得当时小米刚推出充电宝的时候是定点定时在特定的渠道抢购的，而且整个充电宝的工艺设计，还有它的标准都已经达到了极致。这样一款爆款产品现在也是达到了每年几千万的出货量。小米在做充电宝这个产品的时候，其背后是经历了一个比较痛苦的摸索过程。

充电宝这个行业它的本质到底是什么？小米充电宝的成品价格应该是在 69 元钱到 99 元钱之间，很多企业买充电宝电芯的原料的价格都要远

图 2-1　小米充电宝

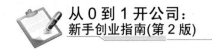

远高于小米充电宝成品的价格。

小米在经过了一段时间的学习以后,终于发现充电宝的核心其实就是电池的电芯,小米希望用世界上最好的电池的电芯。无意中,他们发现电池的电芯是一个尾货市场。

尾货市场的意思是说,你需要在全球电池行业进入到低谷的时候,大批量地囤货,然后才能保证价格足够低。而电池行业的低谷正好又是和笔记本电脑市场来进行对冲的,笔记本市场很差,那么笔记本用的电池电芯的采购量就会急剧降低,这个时候正好是充电宝的电池电芯囤货的好机会。通过对这样一个过程的了解,小米就开始进行大批量采购,再加上它的设计非常好,构造出了小米在充电宝市场上的一个契机。

现在大家能看到很多充电宝,但是一提到充电宝,一般人的第一反应可能就是想到了小米充电宝,因为它既安全,价格又好,设计又非常美观。

郭士纳在《谁说大象不能跳舞》中也谈到了这个问题,原话是这么说的:"1993年加盟IBM的时候,我就做好了迎接IT行业的技术挑战,然而我还没有完全了解清楚计算机行业的特点和随之而来不寻常的一个实践。"通过这句话我们可以感知到,在郭士纳的脑海里,他是知道进入一家行业必须第一时间了解这个行业的本质,所以他才会说出这句话。

那么这个IT行业的本质到底是什么?一年365天,IT行业每天都在发生不同的变化。这个行业里的巨头,例如甲骨文、太阳系统公司、微软、苹果等,这些公司都有一个特点,它们的CEO都是口才极佳,而且非常有感染力。但同时用郭士纳来自传统行业的眼光来看,这些IT公司的CEO个个都是大嘴巴,非常敢于批评和驳斥别家产品,所以这个特点也是IT行业的一个风格模式。

同时,在IT行业也有非常传统的企业,例如戴尔,还有很多掌握某一个微小领域技术的企业,这些公司的CEO既是经营者,也是核心技术的掌握者,他们也都在努力开创属于自己的未来。

另外郭士纳发现,IT行业没有所谓的传统行业的贸易协会,没有所谓的团队精神,或者是说为了共同的事业而奋斗、互相尊重等,行业里充满着竞争企业和企业的竞争、同一个企业内个人与个人的竞争。

这个行业还非常崇尚标准,在IT市场里面,有了标准就意味着你拥有了市场。这个行业也过分追求技术的力量,而忽略了人为的因素。这些都是当时行业的环境。书中郭士纳也提到CEO和CFO不断地在背叛股东,而且出现了无数的金融丑闻,在自由经济体系体制下孕育了无数的疯狂。

在这样一个资本市场环境下,郭士纳在职过不同行业的CEO从商35年,他也提出了自己的一些看法。在郭士纳的眼里,这个时候是应该进行整个商业社会制度系统改革的时候了。书中也提到应该进行税收的改革,那些持有股票不到5年的高

第2章
团队思维：极简思维在团队模式中的运用

级管理人员，他们在进行股票买卖的时候应该缴纳更多的税。因为他们没有践行自己高级管理人员长期看好企业、愿意跟着企业长期发展的初衷。

2．合作伙伴

郭士纳在总结自己多年经验的过程中，也对合作的伙伴，也就是极简思维公式中的"伙伴 Partner"进行了一个大概的分类。他将其分为四类，第一类是积极采取行动促使世界发生变化的人，这种人我们也把他叫作自燃型的人，自己可以燃烧自己的人；第二类叫作被动接受所发生事件的人，这类人我们把他叫作可燃性的人，自己不一定能燃烧，但是别人让他燃烧的时候，他自己是可以被燃烧起来的；第三类是事情的旁观者；最后一类人什么事都不关心的人，我们可以把他叫作阻燃型的人，自己无法燃烧，也阻止别人燃烧。

这四类合作伙伴在 IBM 中都是存在的，而且在郭士纳从事的不同行业中也都是存在的。郭士纳会把他看到的所有的人都分成这四种类型，这些人有可能是在 IBM 组织内部，也有可能是在 IBM 所涉及的组织生态中。

例如金融分析师和商业媒体从业者，这些人都有可能成为这四种人中的一种。那么，公司对于后面两种抱旁观者心态和阻燃型的人，他采取的是两种不同的做法。对于阻燃型的人，郭士纳就尝试着跟他们去沟通，加强他们对这个东西的理解；对于抱旁观者心态的人，郭士纳会做一些转化工作。

从书中"经验谈"这个部分我们可以了解到，作为 IBM 的领头人，郭士纳保持着对于外部环境的观察，他通过迅速了解行业的特点来反思自己的行为，能够迅速地掌握这个行业的核心理念。

同时郭士纳作为一个企业领袖，树立正确的价值取向，带领团队从众多的外界诱惑中看清本质，聚焦长期收益，这是一个企业领袖的价值所在。而在这个过程中，郭士纳还能非常清晰地定位组织与整个社会的关系，并通过实现社会价值，让 IBM 这个巨大的组织更好地发展。

3．郭士纳的手段

郭士纳作为 IBM 领头人的 9 年里，通过他的改革，让 IBM 从巨额亏损转化为持续盈利的状态。我们可以看到，当他刚刚进入 IBM 的头一年里，是通过两个强有力的手段来扭转局势的。

(1) 业务重塑。
(2) 组织重构。

在业务重塑的过程中，郭士纳突破了原有的业务结构，通过主营业务降低利润的方式保住现金流入的基础，然后通过服务转型来带领 IBM 的业务从单一技术型的产品转向为解决方案的服务产品。而支撑整个业务重塑的过程，可谓困难重重，我们可以看到，简单的业务调整在一定程度上是关键，但如果没有整个组织能力的承

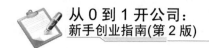

接,业务的转型也很难成功。

郭士纳通过对组织文化的升级,不仅把整个团队的聚焦点重新拉回到老沃森的初心上,还根据实际的环境变化,演化和发展出新的组织风格,建设成新的组织文化。IBM经过组织架构逻辑的设计,突破老IBM组织臃肿的状态,让管理团队形成高效的流动,充分地保证信息透明,重新激活团队,另外在组织制度体系方面,通过绩效考核制度的调整、股权激励制度的调整,把整个团队当中有贡献、想贡献的人聚集在一起。

最后我们看到,经过重新调整后的IBM团队不仅在业务上获得了新的发展,在整个组织的进化上也让职业经理人团队在这个机制下更新迭代,顺利培育出了新的管理团队。

在IBM组织的发展进化中,我们可以看到一些类似的现象,这些现象可以体现组织相关方面的变化,如表2-4所示。

表2-4 IBM组织的发展进化中的现象

现象	详情
组织使命愿景变化	组织使命愿景是跟随着环境的变化,组织的发展而变化的。这就如同一个人的成长一样,在不同的年龄阶段,对于个人定位、使命的理解,会随着你的成长和眼界而变化,要想完成这样的变化,对于一个组织而言,要求就是:要有对于目标的觉察和反思能力,既要能够固守底线,又要尽量避免流于形式
组织架构逻辑设计	组织架构逻辑和制度体系的设计本质上还是来源于目标,无论是多么科学和先进的方式方法,如果脱离目标而存在,就无法与时俱进
组织风格模式变化	健康的组织风格模式变化和发展,也是随着组织自身发展而变化,组织的风格模式要具备更强的包容性,要接受无论是内部人员还是外部人员进入带来的影响,在人的影响下,组织风格模式会进行不断的调整,无论是主动调整还是被动调整,最终能够突破的关键在于组织的核心人物对组织本身的理解和组织所处的环境

2.2.2 郭士纳的教训对创业者的启示

郭士纳在书中提到了一个隐形的核心能力,叫作实施完成任务和采取行动。郭士纳把这个维度定义成一个有效的商业领导人最不为人赏识的一个技能。因为在商业里面,CEO最大的一个光环来自对很多其他人不能理解的概念,或者对很多其他人不曾想到的观点,来进行总结,会显示出CEO高人一等,而对于像实施执行这个看起来很简单的事,却往往会被忽略掉。

一群人能持续稳定地做对一件事,我们把这个叫作组织技能,所以郭士纳提到的实施、完成任务、采取行动,如果是一群人都能做到这一点的话,这个其实就会深深地融入组织里面,也就是平时我们所说的铁军或狼群文化。其实说白了就是执行力比较强，本身也是一种组织机能。

组织结构逻辑背后，其实有短期和长期的利益博弈问题，有集权和分权的问题。郭士纳用公司分立，也就是用集团公司和分公司之间的分权来作为组织结构问题进行探讨。

郭士纳认为，成功的高级经理有三个基本特征，如图2-2所示。

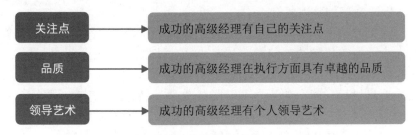

图2-2 成功的高级经理的基本特征

他也着重提出了一些在一个卓越团队中组织成员应该具备的素质。

1) 关于关注点

关注目标，保持架构逻辑的灵活，从长远的角度来考虑制度体系。

2) 关于并购

如果并购活动能够和本公司的现有战略融合起来，那么并购获得成功的可能性就会最大。

战略的一致性是基于对目标的确定而来的，如果并购仅仅是为了获得新市场，那么对于IBM以技术为核心的战略来说，就很可能会陷入被市场牵着鼻子走的境地，反而会失去核心竞争力。

3) 无懈可击的战略

一个成功的和有焦点的企业，一定会是对其客户的需要、竞争环境以及经济现状有着深刻理解和周全分析的能力。

战略为服务目标而存在，对于IBM而言，根据客户的需要来调整战略才是无懈可击的，如果偏离这个方向，那都是白费功夫。

4) 以智取胜的战争

战略要有目标，也要可操作，既有目标，也有指标才是好战略。找到那些很少或者根本不能够带来短期利益，但是却能够在获得长期利益中起到关键作用的问题。

如何保持这样的观察力？一个企业的领头人，很容易判断什么投入最能够带来短期利益，拼命地扩大市场宣传，投入大量资源获得新的客户，把产品尽可能地铺到所有的渠道，但对于那些基础的工作却很容易忽略，比如IBM的客户满意度调查这样看起来平凡的工作，却是战略内容所必需的项目。

5) 关于卓越的执行

战略的落地取决于好的流程制度，同时也要注意组织风格模式的促进作用，建

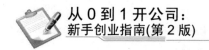

立匹配的文化和风格,促进执行效率。

郭士纳认为战略的执行有三个基础:世界一流的业务流程、战略的透明性、高绩效的公司文化。

郭士纳认为世界一流的业务流程,是基于 IBM 这样一家本质上是提供技术服务的公司的定位,抓住了产品设计流程这个关键,用 9 年的时间打造出了一套一流的流程,以此保障战略的落地。

同时,战略的透明性的机制,解决的是目标一致的问题,信息混乱是郭士纳提到的普遍在企业中难以解决的问题。战略可能无法做到完全透明,但最大程度的透明,这样的机制是最简单的降低信息混乱的办法。

卓越的战略执行,郭士纳认为不仅仅是做对,而是比竞争对手更快、更有效地去做正确的事情。而这样的行为模式,固然必须通过制度来保证,但要做得更快更有效。高绩效的文化体现的是经过不断锤炼的组织风格模式,通过在一次又一次的任务中,不断地强化这样的组织风格模式。

6) 个人领导力

组织当中个人领袖的领导力,在很大程度上影响着组织风格的建立和进化,关注个人领导力与组织发展阶段的匹配,可以更好地突破组织风格模式障碍。

个人领导力的建设是最直接的个人风格的体现,而领袖在组织中体现的这些个人风格,也是最直接地可以影响组织风格的部分。所以从某种意义上来说,组织风格模式的更新,同样也决定于组织当中领导者领导力的提升。

每一个组织的领导力模型需要跟随组织的发展而进化,创业初期需要的素质,和企业成熟期需要的素质不一样,风格模式也不同。我想在这个部分郭士纳给我们的启示就是,一个领袖应该重视自己组织的组织风格模式进化。

2.2.3 郭士纳打造的企业文化对创业者的启发

硬汉导演吴京作为制片人投资了一部大片——《流浪星球》,在这部电影里面有一个演员自称是混血儿,叫麦克隋,他的父亲是地道的北京人,母亲是美国人,他作为混血儿却是一个十足的语言天才,麦克隋不仅会中文、英文,而且还会讲日语、法语、西班牙语。

他第一次出现在《流浪星球》中的时候,我是比较惊喜的,主要是因为之前他在网上已经是一个网红了,他曾经在网上录制过一系列的视频去模仿和展示不同国家的人是如何来说英语的。

在网上的短视频中,只要麦克隋一开口模仿,你马上就能识别出到底是中国人、日本人、韩国人、印度人、英国人、澳大利亚人,还是新西兰人在说英语。其实他每一次模仿的时候,帮助我们去快速识别的其实就是所有的细节,而这些细节我们也称为语言文化沉淀。

第 2 章
团队思维：极简思维在团队模式中的运用

与语言文化沉淀一样，组织的风格模式是第一个要重点突破的障碍，之所以是第一个障碍，最主要的是它停留在认知的层面上，而认知又是属于你自己无法发现的，只有通过外部的力量给予你足够多的刺激，你才会意识到原来自己所认识的这个世界可能是不对的。

2019年9月10号教师节那一天，也是阿里巴巴20周年的年会，如图2-3所示，在年会上马云说了一句话，他说这是一个制度的成功。这句话其实非常重要，因为在整个中国这十年的企业发展的过程中，每一个企业家都有自己的口头禅，有些企业家提出了风口论，有些企业家提出了先赚一个亿的小目标，也有企业家说是顺应了时代的发展，而马云提出了制度的成功，其实就是想告诉我们，在组织制度系统最后的一个障碍层面，阿里巴巴其实是进行一次突破。他们用了十年的时间来为这样的一个制度进行准备，并且验证在9月10号的年会上宣布的接班人计划，整个过程一气呵成。

图 2-3　阿里巴巴 20 周年年会

但如果你仔细探究，你就会发现，虽然是一个制度的成功，但是它的起点就在于阿里巴巴企业突破了自己的风格模式。因为马云在讲话中也提到，对于企业接班的传承一般有三种模式，而阿里巴巴选择了最艰难的一种模式。企业传承的三种模式，第一个就是毫无悬念地传给家族的第二代，第二个就是传给职业经理人，而第三条路就是马云提到的制度的成功是通过使命文化制度，让企业聚集更多优秀的人才，然后让这些优秀的人才在阿里土壤上不断得到孵化。

郭士纳在书中谈了自己关于 IBM 的一些看法，其中有如下几个重点和大家分享一下。

1) 文化本来应该为游戏服务

这里的游戏指的是商业规则，但文化自己本身却变成了另外一个游戏，文化自身变成了游戏是非常可怕的，跟极简思维中说忽略了目标只专注方式是同样的

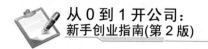

道理。

文化变成游戏是乏味可怕的，它忽略了多样性，而且加强了还原论，成为还原论加强的罪魁祸首。哪怕公司组织里的所有人都认可文化，也绝不可能都展示出同样的行为方式，也不可能要求员工全都按照标准去做，才说明是真正在践行文化，在真正去做工作，在真正进行思考。就像民族文化一样，多数真正重要的规范并不是书写出来的。

2) 文化本身需要进化

市场环境在变，人才成长的环境也在变，商业文明的环境也在变，科学技术水平也在变，所有的这些变化都需要映射在文化中得到一个全新的诠释。

郭士纳说过，尊重客户就是应该提供好的服务，而不是简单地统一着装，那精益求精是在确保满足客户要求的前提下提供好产品，而不是闭门造车、自娱自乐！高品质的客户服务应该关注行业的变化，提供客户所需要的真正的产品，而不是以客户先使用了我们产品，再进行服务作为前提的。

所以郭士纳说过 IBM 就像一个温室，一个与外部隔绝了很长时间封闭的热带生态系统，因此这里会孵化出许多相当奇异的世界上其他地方找不到的生命形式。

IBM 深刻的排他性和内在性，以及其过于沉迷自己的规章和矛盾，使其失去了昔日的强大，变得很脆弱，任何来自外部的进攻都有可能伤害到它。在郭士纳描述 IBM 文化的字里行间中也能找到我们周边组织的很多影子，所以说组织不管是大还是小，只要它陷入了无法进化的境地，变出来的症状，还有变出来的一些非常怪异的状态，都是相似的。

所以组织风格模式是第一个需要突破的重点，只有突破它才会有更多的可能。

在书中郭士纳非常详细地介绍了 IBM 的文化形成和演变，也让我们清晰地看到，一个组织的文化是如何随着组织的发展而发展的。

我们可以总结出，企业进行组织文化升级时，创业者需要注意几个方面，如表 2-5 所示。

表 2-5 创业者需要注意的几个方面

需要注意的地方	详情
分析内外部环境相关状况	对公司内部外部环境分析，依据不同的情形制定不同的升级方案
风格模式与组织发展对标	查看风格模式与组织发展情况的匹配情况，清晰组织负债的程度
设置调整相关防回滚制度	针对差距做价值观澄清或迭代，配合调整架构逻辑制度，避免回滚

IBM 所有的组织机构都只不过是某个人的影子的延伸，而这个人就是老托马斯·沃森。老沃森给 IBM 留下的是三条基本经验。

第 2 章
团队思维：极简思维在团队模式中的运用

(1) 精益求精。

(2) 高品质的客户服务。

(3) 尊重个人。

这三条是 IBM 所有人必须遵循的信仰。而且 IBM 在落地这三条基本信仰的时候非常接地气，做得非常扎实，这也是 IBM 在初期做得非常成功的原因之一，正是因为有这些价值信仰，才使 IBM 能够在业界树立了好口碑。

但接下来 IBM 组织的文化越来越教条，而这也是郭士纳对于内外部环境的感知，发现很多表征症状。

(1) 随着时间的流逝，客户已经改变了他们在工作时的着装，而且很少有技术型的买家会在公司中出现时身穿白色衬衣和蓝色套装。老沃森要求对于尊重客户的初衷却被遗忘，保留下来的反而是严格的着装规范。

就像郭士纳第一天参加会议发现大家的着装一样，大家其实只是以为，这就是我们最尊重客户的方式，而忽视了环境的变化，没有发现自己的行为对于外部环境的适应性。

这种类型的问题其实常常在我们的组织中发生，上级发布的指令，初衷是好事，但是落地的时候却发现背离了初心。而这种背离经过一段时间的沉淀，往往就形成了非常巨大的组织惯性。而这些惯性一旦形成，大家会在内部环境的影响下，无法看到变化，从而导致惯性越来越强。

(2) 在高品质的客户服务这一信仰下，IBM 一度在假想中工作：客户所需要的东西很久以前就已经安排好了，我们现在的工作就是继续把客户带到我们下一个系统那里，无论这个系统什么时候才能研制出来。

(3) 还有精益求精的例子，更加让我们瞠目结舌。这一个完美主义倾向，演变成了 IBM 内部一系列缓慢的决策过程，形成了一种非常僵硬的组织文化。

(4) 还有一个让管理者哭笑不得的演变，是关于尊重个人，在老 IBM 的文化影响下，尊重个人演变成了一个员工可以在广义的公共关系和法律法规范围内做任何他想做的事情，而不需要负什么责任。假设公司解雇了一个业绩不佳的人，那就是没有尊重个人，因为公司没有提供培训，无论之前这个员工是否愿意接受培训。

这些例子比比皆是，而且经过很多年的自我强化，让整个团队产生了巨大的盲区，这些问题根深蒂固，甚至后来的人想要撼动都变得非常难。这些例子让我们看到了组织文化的特点，如表 2-6 所示。

表 2-6 组织文化的特点

特点	详情
形成组织文化	组织的文化形成，和领头人有着非常强的关联，这种个人的风格在一定程度上就会演变成为组织的风格模式

续表

特点	详情
进行自检迭代	组织风格模式一旦形成，如果没有自检和迭代，很容易就会形成组织负债。从客观上来说，组织负债无可避免，而我们能做的只是管理负债
准备打持久战	组织文化的形成不可能一蹴而就，同样地，要想更新迭代，也不是一朝一夕的事情，你需要做好打持久战的心理准备
时刻保持警觉	作为组织的领袖，要时刻保持警觉，不要让自己成为组织发展的瓶颈

郭士纳发现了这些组织负债，并且着手开始进行改造，在1993年9月起草了八个原则，希望成为IBM新文化的核心支柱。对比之前的价值信仰，郭士纳提出的新的原则，从本质上是为IBM注入新的理念，这并不是对于过去大家信仰的推翻，而是从他对于内外部环境的感知进行的一次升级。这次升级再次向所有人发出了几个信号，如表2-7所示。

表2-7 组织文化的特点

发出的信号	详情
重视客户	我们要重视客户，我们的工作是围绕客户来开展的。这和他要求大家向服务转型的方向吻合
追求卓越	我们要追求卓越，这种追求卓越的精神，是IBM一直以来的竞争力，它要求大家要把视线放到更加长远的愿景中，创新、团结并且行动迅速

新的原则发布后，郭士纳也对组织结构进行了新的调整，1995年2月成立了"高级领导集团"，这个集团的成员来自组织当中各个位置，打破了原先固有的金字塔模式，让内部的领导人进行有效的流动，而在高级领导集团设立以后，也随之构建了IBM的领导模式。

为了保证这些新的文化能够更加有效，IBM还更新了绩效管理系统，每年员工需要围绕"力争取胜、快速执行、团队精神"三个方面作出自己的个人业务承诺。

我们可以很清晰地了解到，公司遇到障碍几乎是必然的，要突破组织发展的瓶颈，运用障碍因子合理地进行调整，管理组织负债，才可能让组织往健康的方向持续发展。

第3章

创业准备：注册公司前必须了解的知识

学前提示

随着工业社会的发展，商业已经成为一个国家的经济支柱，加之政府鼓励大学生创业，很多人想要创业开公司，但是开公司并不是一件简单的事情，需要注册，需要合伙人，还需要运营，可谓"牵一发而动全身"。那么创业者在开公司之前，还需要了解哪些相关知识呢？

要点展示

- 公司性质，四个要点
- 注册知识，五个不同

3.1 公司性质，四个要点

创业的方式有两种，第一种是从无到有，第二种是从一到多。我们常说的白手起家，指的就是从无到有的创业方式。一般来说，很多公司都是采取从无到有的创业方式，其中最有名的有腾讯、阿里巴巴、京东等，如图 3-1 所示。

图 3-1　从无到有的部分大公司

这两种创业方式主要有以下几种区别，如表 3-1 所示。

表 3-1　两种创业方式区别

从无到有的创业方式	从一到多的创业方式
过程艰难，收获甚丰	过程轻松，收获少，竞争激烈
苹果、谷歌、Facebook、腾讯、京东	同一条街上竞相开类似的快餐店
公司从无到有，意味着创新	公司从一到多，意味着复制

3.1.1　有限责任公司

什么是公司？它指的是以营利为目的的有独立的法人财产的按照相关法律法规成立的组织。

但是，在注册公司之前，创业者需要先了解注册公司的相关知识，之后才能按照有关流程注册自己想要的公司。

首先，公司主要可分为有限责任公司和股份制责任有限公司，如图 3-2 所示。

有限责任公司受到大家的热爱和推崇，原因在于与之前的开公司破产后经营者要承担无限的责任、赔上家产相比，有限责任公司更加人性化。

那有限责任公司与之前的公司类型相比，其优势如表 3-2 所示。

第 3 章
创业准备：注册公司前必须了解的知识

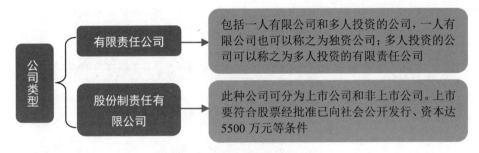

图 3-2 公司类型

表 3-2 有限责任公司的优势

优势体现之处	具体优势
法律层面	股东只需用自己的投资负责公司的债务，无需用个人财产偿还公司债务。公司虽然不是人，但它具有虚拟、独立的人格(法人)，可以与人一样履行义务、签订合同、申请破产
风险层面	这不仅保护了创业者，还促进了人类社会文明的发展。有限责任意味着从某种层面上说风险是可控的

根据我国相关法律法规规定，从债务、人数、出资、资金募集、设立五个方面来说，有限公司具有以下特点，如表 3-3 所示。

表 3-3 有限责任公司特点

特点体现之处	具体特点
债务	股东以自己的出资为限对公司债务负责，不能要求以公司之外的资产偿债
人数	人数受限制，大于等于 2 人，小于等于 50 人
出资	股东转让出资受限，需其他股东同意
资金募集	不能用公开方式向社会募集资金，也不能以股票的方式募集资金
设立	设立条件和注册流程都很简单

3.1.2 股份有限公司

股份有限公司是指将公司资本折为股份，和有限责任公司不同的是，股份有限公司的股东只需以股份为限对公司负责，享受股份带来利益的同时，也需要承担相应的负债风险。

根据我国相关法律法规规定，股份有限公司具有自身特点，如图 3-3 所示。

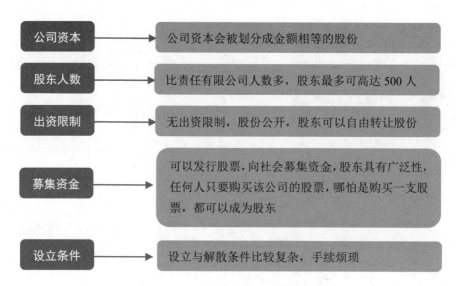

图 3-3 股份有限公司的特点

股份有限公司与有限责任公司的区别，如表 3-4 所示。

表 3-4 股份有限公司与有限责任公司的区别

区别点	股份有限公司	有限责任公司
股份是否相等	股份相等	不等额
股东人数	2～200 人	2～50 人
募集资金	公开	封闭
股份转让自由度	较为自由	受限制，需征得其他股东同意
设立条件的宽严程度	较严格	较宽松
人合或者资合	资合	人合、资合

3.1.3 工作室和个体户

创业者除了可以开公司实现自己的创业梦想之外，还可以通过注册工作室或者个体户实现自己的创业梦想。

1. 工作室

工作室已具备公司的雏形，它是由一个人或几个人组建的小型经济组织。工作室虽小，但它五脏俱全，形式多样，其优缺点如表 3-5 所示。

第 3 章 创业准备：注册公司前必须了解的知识

表 3-5 工作室的优缺点

优点体现之处	具体优点	缺点	具体特点
运营管理	比公司运营成本低，管理费用少，而且更具专业精神	产品服务	和公司相比，工作室提供的产品或服务更单一，在某些情况下甚至无法真正满足客户的要求
规模人数	规模相对小很多，整个组织结构简单，成员更少，运作起来更加灵活	风险方面	工作室过小，有时很难拉到投资和订单，甚至无法继续，缺少面对商业风险的能力
工作效率	由于工作室结构简单，人员没有公司冗杂，在业务等方面工作效率更高	债务方面	不能开发票，而且是以个人财产负责工作室的债务，需要承担更多的风险

2．个体户

什么是个体户？它指的是有经营能力并且从事工商业经营的、按照规定在中国工商行政管理部门登记的个人。

一般来说，街边的小饭馆、面粉馆、小服装店、杂货铺等，都属于个体户。当前个体户证件相较以前更加容易申请。

(1) 取消人数、身份、经营范围等限制。
(2) 政府扶持发展。

个体户主要有如下三种形式。

(1) 个人经营。
(2) 家庭经营。
(3) 合伙经营。

个体户的优缺点如表 3-6 所示。

表 3-6 个体户的优缺点

优点体现之处	具体优点	缺点	具体特点
运营管理	成本低，管理费用少	债务方面	在负债方面，个体经营则是以个人资产对债务负责；家庭经营则是以家庭资产对债务负责；合伙经营则是以合伙人的资产对债务负责
规模人数	规模小，结构简单，成员少，运作灵活	风险方面	规模小，很难拉到投资和订单，缺少面对商业风险的能力

个体户在法律范围内能够经营的行业如图3-4所示。

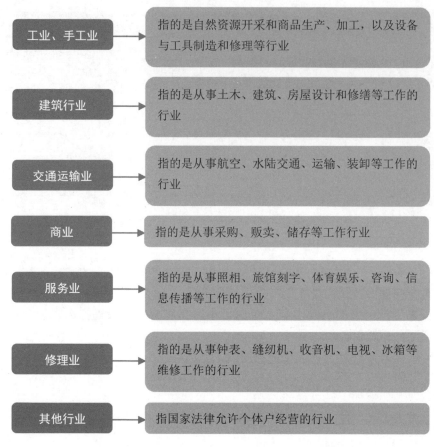

图3-4 个体户法律范围内能够经营的行业

3.1.4 公司和个体户商户的区别

前面我们提到公司可以划分为有限责任公司和股份有限公司，这只是从股东所承担的责任范围来划分的，当然我们也可以按照其他标准来划分，如表3-7所示。

表3-7 公司分类标准

常用标准	分类标准
标准一	按照股东所承担的责任范围来分类
标准二	按照公司的信用基础分类
标准三	按照股东股份转让方式不同进行分类

续表

常用标准	分类标准
标准四	按照公司的国籍分类
标准五	按照一个公司对另一个公司的控制、依赖等关系进行分类，如母公司与子公司
标准六	按照公司内部的管辖系统进行划分

公司和个体户的区别主要有以下 10 点，如表 3-8 所示。

表 3-8 公司和个体户的区别

不同点	公司	个体户
法律依据不同	公司的成立和运作依据为《公司法》	个体户的成立和运作依据为《城乡个体工商户管理暂行条例》
公司名称不同	公司只能使用一个名称，且必须注明为有限责任公司或者股份有限公司，公司名称受法律保护	个体户的名称分别由行政区划、字号、行业、组织形式构成，其中字号可以是经营者的姓名，行业应该反映所从事行业的特征，组织形式可以采用"厂""店""馆"等字样，但是不能使用"企业""公司""农村合作社"等名称
投资主体不同	公司的投资主体是法人	个体户投资主体是自然人
经营场所不同	公司必须有固定的经营场所和员工	无限制，尤其从事运输、小摊贩等行业的个体户本身就是流动的，无须固定的经营场所
财务制度不同	必须有完整的财务管理制度	个体工商户没有财务制度要求
法律主体不同	有限责任公司和股份有限公司的法律主体是公司，公司具备法人资格	个体户的法律主体是个人，不具备法人资格
公司债务不同	公司的债务是有限责任，公司债务超过注册资金后可以申请破产	个体户是无限责任，经营者必须还清债务
经营期限不同	执照经营期长，其经营范围也可以变更	执照经营期短，其经营范围不可以变更
缴纳税费不同	公司通常要有完整的财务核算体系，而且只需要根据公司申报的收入来交税；公司需要缴纳个人所得税和公司所得税	税务机关根据个体户所在位置、规模来估算销售额和定税，不论有无收入、收入多少都要按定税金额来交税；个体户只需要缴纳个人所得税
优惠政策不同	公司每个月都需要做账和报税，而且公司还可以享受政策优惠	个体工商户不享受政策优惠，而且没有投资风险，不需要会计做账

3.2　注册知识，五个不同

在注册公司之前，我们除了要明白注册公司的性质外，我们还需要了解注册各种公司的有关知识。

3.2.1　注册门槛的选择

2013年12月28日，经全国人民代表大会常务委员会会议讨论，决定修改《公司法》，与原《公司法》相比，新《公司法》中的注册门槛更低，尤其是认缴制，大大降低了创业者开公司的注册难度。

那什么是实缴制和认缴制呢？

(1) 按照《公司法》的规定，实缴制要求公司的注册资本必须由股东按规定期限实缴到位，并经依法设立的验资机构出具验资证明后向登记机关登记。

(2) 而认缴制指的是登记机关只登记股东的注册资本，实际出资额则由股东记载在公司章程中。

我国实行注册资本认缴制的目的，如表3-9所示。不过，认缴制政策只针对部分行业实行，创业者在注册公司时应该留意这一点，公司能否享受认缴制政策可以向工商局咨询。

表3-9　注册资本认缴制的目的

目的	目的详情
减少投资项目活动相关审批	认缴制可以简化小公司注册的相关流程，强化公司和个人投资的自主权；同时，在能源消耗、污染排放方面，可以减少重复投资和无序竞争
减少生产经营活动审批事项	最大限度地减少对生产经营活动和产品物品的许可，减少各类机构的审批
减少公司相关资质资格许可	对不符合相关法律法规规定的公司一律取消资质资格许可，由行业学会、协会对公司和个人进行水平评价
减少相关行政事业性收费	取消了不合法、不合理的行政事业性收费，降低收费标准，建立了完善的政府非税收项目的管理制度

认缴制和实缴制的区别主要体现在以下三个方面，如图3-5所示。

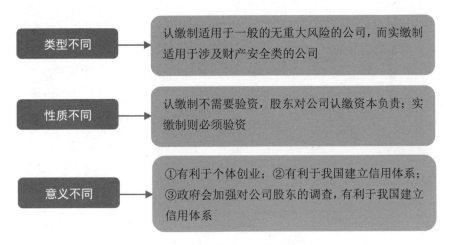

图 3-5 认缴制和实缴制的区别

3.2.2 母公司、子公司、分公司、控股公司的区别

我们常听朋友提起,某某公司实力雄厚,拥有多少子公司。母公司、子公司、分公司和控股公司概念很相近,它们之间有什么不同?具体如表 3-10 所示。

表 3-10 子公司、母公司、分公司和控股公司的区别

概念	不同之处
母公司	指的是该公司持有某一个公司一定比例的股份,或者根据合同、协议能够控制、支配其他公司。简而言之,母公司地位高,对下属公司有一定的支配权
子公司	子公司和母公司是一组概念,它指的是该公司的全部或大部分股份由另一个公司控制,被其母公司控制、管理。但是,子公司和母公司一样,也具有法人资格
分公司	分公司和总公司是一组概念,总公司又可以被称为本公司或公司总部,它是一个公司的总机构。按照规定,能够称总公司的必须拥有分公司;而按规定分公司必须与总公司所在地分开,但是分公司仍然是总公司的组成部分,需要遵循总公司的规章制度
控股公司	指该公司对某一公司持有一定的股份,因此根据其持股的具体方式可以分为纯粹控股公司和混合控股公司

3.2.3 法人和股东的区别

企业法人指的是按照相关法律规定,并且符合法律规定的资金数量、公司名称等条件的取得合法法人资格的社会经济组织。

1. 按照所有制性质分类

根据公司资产的所有制性质,企业法人可以分为以下几种。

(1) 全民所有制。

(2) 集体所有制。

(3) 中外合资经营。

(4) 中外合作经营。

(5) 外商独资。

2. 按照法律属性分类

按照公司法律属性划分,企业法人可以划分为公司制企业法人和非公司制企业法人两种。

公司制法人指的是依法取得法人资格的公司,这类公司只有两种,就是前面提过的有限责任公司和股份有限公司;非公司制法人指的是国有企业和集体企业。

企业法人的特征,如表 3-11 所示。

表 3-11 企业法人的特征

特征	特征详情
特征一	具备相关法律法规规定的条件,经过合法指定的相关部门核实登记成立
特征二	是从事营利性生产活动的经济组织
特征三	独立承担相关民事责任

股东指的是有限责任公司和股份有限公司中的持股人,也可以指在其他合资经营的工商企业中的出资人。

股东构成的股东会是公司的最高权力机构,股东有权出席并在股东会上拥有表决权,其相关特征如图 3-6 所示。

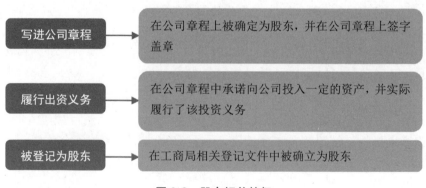

图 3-6 股东相关特征

第 3 章
创业准备：注册公司前必须了解的知识

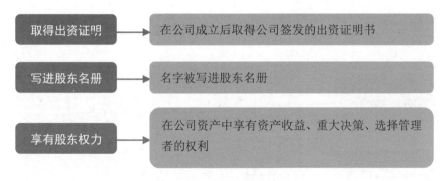

图 3-6　股东相关特征(续)

根据前文，我们可以明白，法人是公司的负责人，可以由该公司的持股人出任，也可以由出资最多的人来担任。法人和股东的不同之处具体如表 3-12 所示。

表 3-12　法人和股东的不同之处

不同之处	不同之处详情
管理权限不同	法人享有管理权限，而股东只有分红的权利；公司在签合同时只有法人签字才有效
承担责任不同	法人是承担责任的主体，总体来说，法人对外以公司资产承担民事、刑事等责任，股东则出过资便不需要再承担责任

3.2.4　董事长、CEO 和总裁的区别

随着网络文化的发展，霸道总裁爆文和电视剧层出不穷，其中不仅存在价值观上的误导，还存在一些专业名词的误导，比如有些创业者可能被这些电视剧误导，以为公司董事长、CEO 和总裁是一个概念，只是叫法不同而已。

那么这三者究竟有什么区别？谁的权力最大？下面我们具体分析。

1. 董事长

股东大会产生董事会，董事会产生董事长。董事长把握战略大方向，具体事务性工作很少，他可以任命总裁或者 CEO。总裁可以是一个内部行政级别，也可以是更大业务群的负责人，CEO 面向实际落地执行，负责相对较明确的业务板块，是按照战略指挥打仗的军事主管。

董事长的任期主要有两种形式，分别是定期和不定期，如图 3-7 所示。
根据董事长的领导能力，可以将董事长分为以下四个类型。
(1) 超越型。
(2) 指导型。

(3) 分工型。
(4) 全权型。

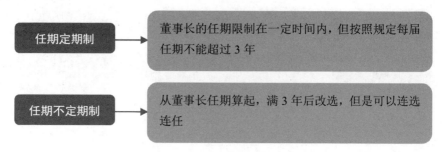

图 3-7　董事长的任期形式

即使在任期内，也可以解聘董事长。根据 2019 年 12 月 3 日的新闻报道，王某卸任比亚迪精密制造有限公司董事长，原因暂不可知。

不过，就算董事长离职时间再诡异，公司再如何去隐瞒董事长离职的真正原因，其真正原因基本可以根据董事长近期活动推测出来。而董事长被解聘的原因无外乎这几种，如图 3-8 所示。

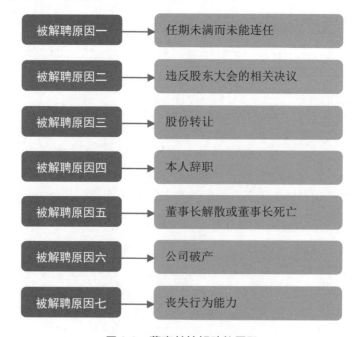

图 3-8　董事长被解聘的原因

2. CEO

CEO 英文名为 Chief Executive Officer，而美国"总统"在《宪法》里是"Chief

Executive",为了与总统区别才加上"Officer"这个单词。

CEO 指的是首席执行官、行政总裁、总经理,它指的是一个公司中负责日常事务的最高执行官员。

简而言之,CEO 不是老板,一般来说由某个公司部门的领导担任,而这个领导往往是董事会成员,在公司和董事会有最终执行权力。

在小公司里,CEO 有多种身份和职务,可能既充当 CEO,又充当董事会主席和总裁;在大公司里,由于其结构复杂,人员又多,CEO 不会同时担任多个重要职务,以防止股东之间发生利益冲突。

在公司 CEO 领导班子里,主要包括以下人员。

(1) 总经理。
(2) 副总经理。
(3) 各部门经理。
(4) 总会计师。
(5) 总工程师。

在公司里,CEO 主要职责如图 3-9 所示。

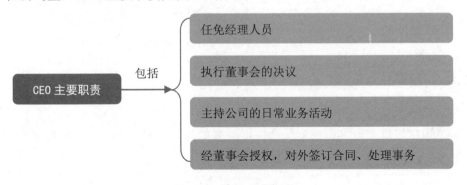

图 3-9　CEO 主要职责

3. 总裁

总裁一般是指集团公司里具有裁决权力的行政负责人,它通常指的是总经理,是公司管理层的最高管理者,而在一般的公司里,通常只称呼为总经理。

一般来说,总裁在公司里领导一个责任小组,向董事会负责。公司总裁的主要职责有四点,如图 3-10 所示。

4. 三者之间的区别

对于董事长、总裁和 CEO 这三个概念,看起来有区别,但又感觉区别不大,那么三者有什么具体区别?如表 3-13 所示。

图 3-10　总裁主要职责

表 3-13　三者的主要区别

三者的区别	区别之处
董事长	公司最大的老板，公司权力的最高象征，掌握公司的股权，决定公司的战略方向，不属于公司员工的范畴，但是可以任免总裁
总裁	公司最大的打工仔，只有集团公司才有这个职位，为公司的战略决策者
CEO	CEO 出任人选为部门领导，当然也可以是公司最高领导，他是执行战略的最高长官

3.2.5　空壳公司与公司破产

我们常听人说某某开了一个空壳公司洗钱、某某公司破产倒闭了。那么，空壳公司和公司破产概念分别指的是什么？创业者如何去理解空壳公司和公司破产呢？

1．空壳公司

空壳公司的别名叫现成公司，它具体指的是没有实际运营团队、没有实际运营义务却依法在工商局登记过的公司。

与空壳公司相似的概念还有皮包公司，两者最大的区别如下。

(1) 空壳公司是没有业务的。

(2) 皮包公司是经营业务的，虽然经营的大多是非法的业务。

但是皮包公司和空壳公司两者相同之处如下。

(1) 它们都没有经营地点。

(2) 它们都没有固定资产。

(3) 它们都没有定额人员。

在我国香港地区，以及美国、英国，普遍存在空壳公司，而且符合当地的法律，可以推动当地经济的发展，其具体特点如表 3-14 所示。

表 3-14 空壳公司的特点

特点	特点详情
文件齐全	按照相关法律法规进行注册过,具备公章、招股说明书、公司注册书、公司章程、公司钢印、公司签名印等正规文件
没有团队	不存在管理团队和董事
没有业务	从未从事过实际经营活动

2．公司破产

在公司破产之后,股东以其出资额为限对公司负责,而公司债务的总担保是由公司的总资产构成的。当公司出现债务危机或需要理赔时,公司的全部资产都应该用来偿还债务;如果公司的总资产少于总债务,那么该公司就可以宣告破产,此时公司债权人不得要求股东以个人财产偿还债务。

第4章

寻找搭档：如何选择志同道合的合伙人

学前提示

并不是每个人都有经天纬地之才，也并不是每个创业者能在创业的道路上踽踽独行。在生活中，创业者不希望离群索居，在创业上也需要合伙人。在茫茫人海中，创业者要通过哪些渠道和方法寻找合伙人？又要如何才能了解自己找到的合伙人？

要点展示

- 寻找搭档，四个途径
- 吸引合伙，三种方法

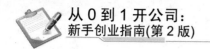

4.1 寻找搭档，四个途径

在注册公司之前我们还需要寻找志同道合的合伙人。我们先来了解一下"合伙人"这个词，"合伙人"一词最先出现在西方社会的服务性行业里，比如律师事务所、会计事务所等。

我们寻找合伙人不是要找自己的镜像，而是要寻找在事业上和我们互补的人，具体有以下几点可供参考。

(1) 金钱、工作、生活上平衡。
(2) 怀揣相同的目标，并愿意为这个目标并肩作战。
(3) 在专业和技能上可以互补。
(4) 品格和道德好。
(5) 对工作勤勤恳恳、勤勉不懈。

那我们通过哪些方式去寻找志同道合的合伙人呢？
(1) 通过自身关系网寻找。
(2) 通过弱联系寻找。
(3) 通过聚会寻找。
(4) 通过猎头寻找。

4.1.1 通过自身关系网寻找

俗话说得好，"一个好汉三个帮，一个篱笆三个桩""双拳难敌四手"，这些俗话或者谚语向我们表明，一个人要想取得巨大的成功，就需要一群志同道合的伙伴来帮衬。

汉高祖皇帝，也就是我们常说的汉高祖刘邦，他曾在洛阳南宫大摆酒席，宴请群臣，他问道："吾之所以有天下者何？项氏之所以失天下者何？"王陵、高起回答，说刘邦仁义，项羽妒忌有功之人、猜疑有贤之人，所以失天下。

刘邦听后说："公知其一，未知其二。夫运筹策帷帐之中，决胜于千里之外，吾不如子房。镇国家，抚百姓，给馈饷，不绝粮道，吾不如萧何。连百万之军，战必胜，攻必取，吾不如韩信。此三者，皆人杰也，吾能用之，此吾所以取天下也。项羽有一范增而不能用，此其所以为我擒也。"

从刘邦这段话中我们可以看出，刘邦之所以能奠定大汉王朝 400 年基业，都是因为他会用人，身边有一群志同道合的伙伴。

刘邦这群帮他打天下的开国功臣中，樊哙、萧何等都是他的老乡，所以我们在寻找志同道合的合伙人时，也可以从自己身边开始寻找：

(1) 可以是你初中、高中、大学、硕士同学。

(2) 可以是你现在或以前的同事。
(3) 可以是你的同乡。
(4) 可以是你的同行或竞争对手。
(5) 可以是和你志同道合、有共同喜好的人。

4.1.2 通过弱联系寻找

上一节说的是我们可以通过自身的关系网去寻找合伙人，这种寻找方法是通过强联系去寻找合伙人，这一节介绍的是通过弱联系去寻找合伙人。

可是我们为什么要通过弱联系来寻找合伙人呢？如图4-1所示。

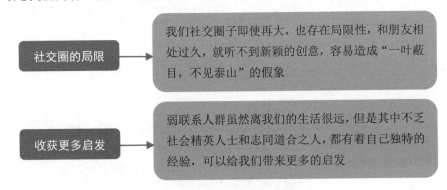

图4-1 我们为什么要通过弱联系来寻找合伙人

除了对合伙人素质、品格、能力有高水准的渴求之外，创业者自己也应该严格要求自己。具体来说，创业者应该具备以下几点素质，如表4-1所示。

表4-1 创业者应该具备的素质

体现的方面	具体怎么体现
理想上	"有志不在年高"，志存高远，求贤若渴
能力上	"山重水复疑无路，柳暗花明又一村"，敢于直面挫折，在逆境中寻找出路
做事上	"当断不断，反受其乱"，做事果决，不拖泥带水，执行力强的同时，也勇于承担责任

4.1.3 通过聚会寻找

对于创业者而言，即使自身的能力不强，但是必须具备一双识人的慧眼，具备发现和挑选人才的眼光。为了锻炼自己这方面的能力，创业者可以尝试参加一些商业活动或聚会，尝试发现自己感兴趣的合伙人，如表4-2所示。

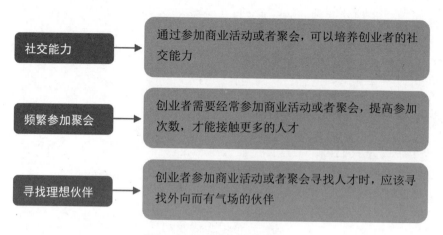

图 4-2 参加商业活动或聚会

同时,我们也可以通过商业聚会来考察、深入了解合伙人,具体可以从这几个指标去参考,如图 4-3 所示。

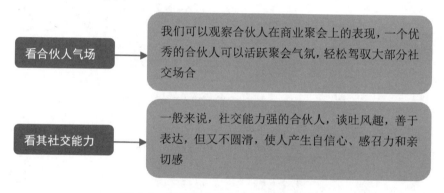

图 4-3 商业聚会考察合伙人参考指标

4.1.4 通过猎头寻找

创业者一个人创业会感觉举步维艰,同样的道理,创业者一个人招聘志同道合的合伙人肯定也是困难重重,这时候创业者可以通过第三方——猎头来协作。

初创团队在招募合伙人时,可以通过猎头来协助寻找创业合伙人。猎头寻找创业合伙人主要有以下几点优势。

(1) 可以更加直接而便捷地调查合伙人的背景。
(2) 猎头公司在评估完伙人后可以提供更加专业的建议。
(3) 有利于日后的薪资谈判。
(4) 可以有效节省创业的时间。
(5) 和业余团队招聘相比,猎头公司隐私保护更周全。

第 4 章
寻找搭档：如何选择志同道合的合伙人

4.2 吸引合伙，三种方法

有时候苦苦去寻找与自己志同道合的创业合伙人，还不如先从自己做起，也就是说创业者除了要主动去寻找合伙人外，还可以通过自身的优势来吸引合伙人，达到共同创业的目的。

4.2.1 包装自己

俗话说："佛靠金装，人靠衣装。"一个人无论从事什么行业，他的社会地位如何，都离不开对自己的包装，我们可以尝试从以下几点去包装自己，如表 4-2 所示。

表 4-2 如何包装自己

注意点	详情
注意自己的外表装扮	创业者要衣着光鲜，在出席各种商业活动时将自己最好的一面展示出来，让你的合伙人第一眼就留意到你；此外，正式而又庄重的衣着，不仅可以体现出创业者对合伙人的重视，还可以表示出对他的尊重
注意自己的言行举止	在合伙人面前，创业者要显得不局促，谈吐自若，不慌张，将自己能言善辩、强大的社交能力展示出来
注意自己的精神内涵	前面两点指的是短时间接触合伙人，但是创业者和合伙人相处是长期的一件事，所以关键自己要具备良好的内涵和底蕴

当然，对于一个创业者而言，除了要包装自己之外，还需要包装自己的团队或创业项目。只有这样，才能将自己相对完整地展示在合伙人面前，吸引合伙人的兴趣，将他拉入自己的创业项目中。

具体从哪些方面包装自己的创业团队和自己的创业项目，创业者可以从以下几点考虑，如表 4-3 所示。

表 4-3 如何包装自己的创业团队和创业项目

注意点	详情
注意渠道包装	创业者大多是第一次创业，要向大企业学习，学习用现代化的渠道包装自己创业项目的产品和公司的品牌。 随着互联网的发展，现代化的渠道也越来越多，比如新浪微博、微信公众号、快手短视频、抖音短视频、今日头条等。这些创业渠道是目前最主流、最流行的互联网平台。通过这些渠道，我们不仅可以树立自己良好的品牌形象，推销自己创业项目的产品，还可以在一定程度上吸引志同道合的合伙人

续表

注意点	详情
注意文化包装	我们经常听人说,文化软实力,它可以潜移默化地吸引合伙人。大到一个国家,小到一家公司,做好自己的文化是不能一蹴而就的 在企业的文化包装上,我们不能照搬大企业的文化制度和方案,削足适履的后果终究是画虎类犬,甚至适得其反

通过新浪微博、微信公众号、快手短视频、抖音短视频、今日头条等互联网自媒体平台,我们需要从哪些方面着手?

(1) 打造优质的平台内容。

(2) 注意合伙人在平台上的动态。

积极与合伙人进行互动,同时提高自己的曝光度,吸引合伙人的关注。当然在与合伙人互动时,我们可以用简洁但不简单的评论进行互动,让合伙人留意到你为人处事的特点。

(3) 采用微信公众号吸引合伙人。

如果创业者采用微信公众号进行操作,那么需要留意微信公众号的图文排版,最好做到图文并茂,附带短视频。这是一种相对好的传播和展现创业者自己、团队和公司的方法。此外,创业团队或公司的微信公众号内容一定要保证其原创性和质量,尽量做到及时更新。

(4) 采用抖音吸引合伙人。

如果创业者采用的抖音进行操作,那么可以剪辑或生成有趣的短视频,把自己生活中最真挚的一面展现给伙人。

4.2.2 了解对方

除了要包装自己之外,我们也要深入了解对方,对竞争对手创业者要"知己知彼,百战不殆",对合伙人也要知根知底。

1. 听对方的规划

对于创业者而言,最重要的前提条件是想法和创意,一般来说,创业者心中已经规划好了创业项目,才会萌生创业的想法。因此,在你选择合伙人之前,不妨先把你创业项目的想法讲给合伙人听。

秦国攻打赵国的时候,赵国派遣平原君赵胜向楚国求救。结果只选出了十九人一起出使楚国,没有满二十人。平原君的门客毛遂走向前,在平原君面前自我推荐说:"遂闻君将合从于楚,约与食客门下二十人偕,不外索。今少一人,愿君即以遂备员而行矣。"如图4-4所示。

这就是著名的故事——毛遂自荐,这给创业者最大的启示是,在非常时期敢于自荐的人往往可以显山露水，一展抱负，也告诉创业者在寻找合伙人时不应该按图索骥，知道灵活变通自己选合伙人的标准。

图 4-4　毛遂自荐

此外，创业者在寻找合伙人之前，一定要做好详细的规划，没有规划的创业是没法长久走下去的。只有规划好创业计划，才能吸引合伙人和你长期共事，一起将创业计划执行下去。最简单的例子是在君联资本的邀请下，雷军分享了创办小米之前的一些思考，雷军在演讲中提到，"小米在创办前的几个学习对象，有同仁堂，有海底捞，还有沃尔玛和好市多(Costco)"，可以说这是雷军在创办小米前的一个规划。

创业者在倾听合伙人表达自己对创业规划的看法时，可以从以下两个角度去观察合伙人是否符合自己的预期，如图4-5所示。

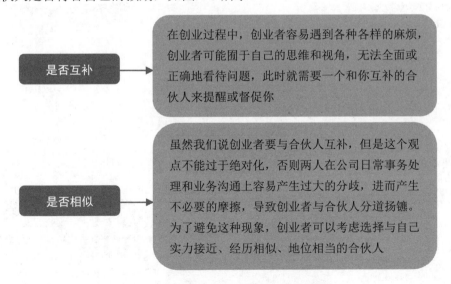

图 4-5　观察合伙人是否符合你的预期

2. 了解对方的经历

陈可辛导演的电影《中国合伙人》中有这么一句台词——"千万别和好朋友开公司",就是说我们很容易忽视合伙人的人生经历带来的重大影响,如图 4-6 所示。

图 4-6 《中国合伙人》剧照

为了避免日后出现的种种问题或麻烦,无论合伙人是否是基于朋友关系形成的合伙人关系,创业者都需要了解他的过去,看他是否能胜任合伙人这个职位,看他是否能为这个创业项目带来更多的人才和资金等资源。

判断合伙人是否靠谱,我们可以参考以下几点进行评估,如表 4-4 所示。

表 4-4 判断合伙人是否靠谱

特征	具体表现
不思进取之人	在创业的道路上,不知道有多少泥泞和荆棘在等着创业者,只有积极向上、乐观面对生活的人,才有可能战胜挫折,把创业这个目标进行到底。 在和合伙人闲谈时,创业者可以问问他有什么自己干过的值得骄傲的事情。如果合伙人没有这方面的事情或者总是抱怨生活、抱怨人生,那么这类怨天尤人的人是不适合当合伙人的
固守思维之人	如果你选中的合伙人从来没有想过创业,每天朝九晚五完成定额或定时的工作量,每个月领着包月的工资。 这种人根本没有冒险精神,不是担任合伙人的最佳选择。在和合伙人聊天时,我们要注意他有没有自己创过业,或者是否想过创业
狂妄自大之人	这类人没有太大的能力,即使有再大的能力也被他的狂妄自大遮掩了。此外,这类人还目中无人、自以为是。 如果看过《史记•项羽本纪》我们能发现,项羽失败的原因中有一个就是过于狂妄自大。再如《中餐厅》中某明星充当店长,口头语就是"听我的,都听我的,准没错",都属于不适合担任合伙人的一类人

第 4 章
寻找搭档：如何选择志同道合的合伙人

续表

特征	具体表现
幻想主义之人	理想主义者和幻想主义者虽然只有一字之差，但是其内涵却是千差万别的理想主义者是怀揣着美好理想的实干家，"仰望星空，脚踏实地"；而幻想主义者是怀着幻想的空想家，属于异想天开这一类人。 幻想主义者不能成为合伙人的主要原因是他们急于求成，无法脚踏实地
喜爱虚名之人	对于一个企业或公司来说，如果公司合伙人贪慕虚名，不仅会影响公司形象，还可能引起内部矛盾。 北宋著名词人在《玉楼春·雕鞍好为莺花住》中有一句词为"古来多被虚名误，宁负虚名身莫负"，讲的就是虚名误事。 喜爱虚名的人之所以无法成为合伙人，就是因为他们急功近利，为头衔、蝇头小利而内斗，进而消耗公司内部实力
私人问题多的人	公司合伙人最忌讳的就是将自己的私人问题带到工作上，从而影响整个公司的运营。俗话说"细节决定成败""一屋不扫何以扫天下""千里之堤毁于蚁穴"，都表明了小问题会引起大麻烦，而私人问题多的人对生活中小问题过多地放在心上，或者会把自己的私人问题带到工作中，进而引起很多不必要的麻烦
尸位素餐之人	这类人往往占着职位不干事，看过《宋史》的人会了解，宋朝富而不强的原因有很多个，其中"冗官"问题不可忽视。这个"冗官"指的就是尸位素餐的官员。尸位素餐能拖垮一个国家，更何况一个小小的初创公司？ 简而言之，这类合伙人是指拿公司利益，不干实事。长此以往，不仅会带坏公司的风气，还会影响公司的运作

3．了解对方的品行

在当今社会，要想了解一个人，就要走进他的朋友圈，看他的朋友和身边的熟人怎么评价他。我们可以从合伙人的微信朋友圈、QQ 空间的动态和评论管窥一二。

具体来说，我们可以按照以下四个标准来选择合伙人，如图 4-7 所示。

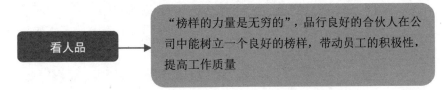

图 4-7　选择合伙人的四个标准

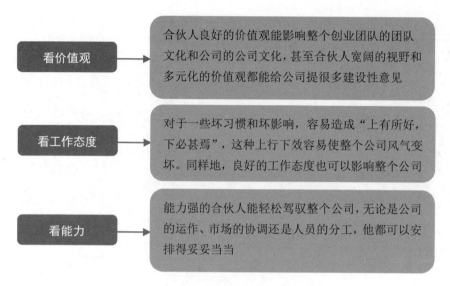

图 4-7　选择合伙人的四个标准(续)

那么,合伙人应该具备哪些良好的品质?

(1) 重信守诺,古人重信用,商鞅"城门立木"和季布"一诺千金"都是很好的例证。

(2) 不放弃,不抛弃。

(3) 宽容气度,不断进取。

(4) 有合作精神。

(5) 脚踏实地,实事求是。

4.2.3　构建理念

创业者除了要有相关的品质和创业规划外,还需要构建一个核心理念,总结成功的创业公司的实践经验,为自己的创业团队和未来的公司确定一个总目标和愿景,然后围绕这个明确的方向进行奋斗。对于创业公司而言,核心理念主要由两部分组成,如图 4-8 所示。

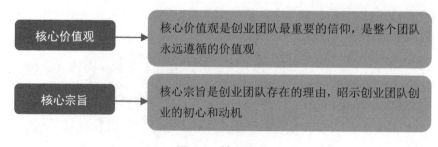

图 4-8　核心理念

第4章 寻找搭档：如何选择志同道合的合伙人

最有名的案例就是江小白团队，他们的文案创作是以文化为核心理念，温和中带着人文气息和生活气息，契合"爱情"主题的文案，可见文案之中流露出的拳拳之心，如图 4-9 所示；关于"人生"主题的江小白文案，也是流露出亲情、友情的美好，如图 4-10 所示。

图 4-9 "爱情"主题的江小白文案

图 4-10 "人生"主题的江小白文案

第 5 章

注册公司：怎么注册属于自己的公司

学前提示

古人认为实现人生最大价值的方式为"立德、立功、立言"，立德指的是德被一方，立功指的是开疆拓土，立言指的是著书立说。随着社会的发展，人实现自我价值的方式也变了，但在当今社会，创业注册公司就是实现自我价值的一个开端。

要点展示

- 注册准备，三个要素
- 注册事宜，五个要点
- 银行验资，三个要点

5.1 注册准备，三个要素

开公司并不简单，如图 5-1 所示，创业者除了要了解相关的注册知识外，还需要了解注册地址、注册资本、公司章程等一系列流程。

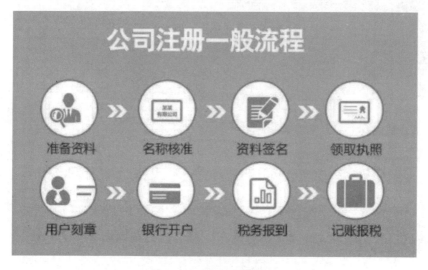

图 5-1 公司注册流程

注册前的准备，主要有以下四个，如图 5-2 所示，下面我们着重介绍的是前三个。

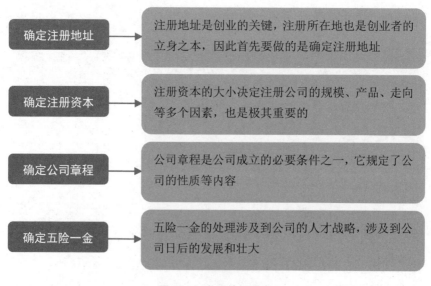

图 5-2 注册前的准备

第 5 章
注册公司：怎么注册属于自己的公司

5.1.1 明确注册地址

创业者在申请公司注册时需要提交机构所在地证明，因此创业者需要选择一个合适的注册地址。公司业务和活动地址可以有很多个，但是办事机构地址涉及公司日后的发展，只能有一个。

关于注册地址，创业者一般不需要考虑太多，只要能对企业或公司运营有便捷之处就行。虽说创业者选注册地址不用考虑太多，但是还是需要注意以下几个常见的问题，如图 5-3 所示。

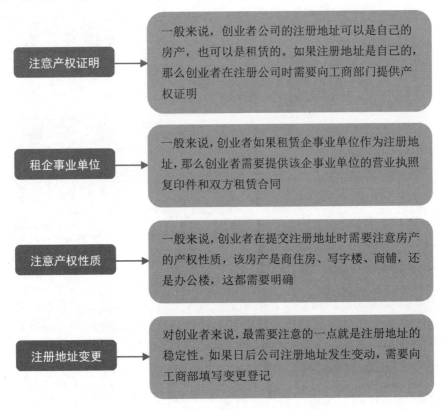

图 5-3 选注册地址需要注意的问题

5.1.2 明确注册资本

注册资本指的是创业者与其合伙人实际出资额的总和，它在某种程度上可以直接体现出公司的实力。

2014 年 3 月 1 日之前，我国注册资本额是有明确限制的，之后国务院印发的《注册资本登记制度改革方案》(以下简称《方案》)生效，《方案》中明确规定：

"取消有限责任公司最低注册资本 3 万元、一人有限责任公司最低注册资本 10 万元、股份有限公司最低注册资本 500 万元的限制。"这对创业者来说,它意味着公司注册门槛大大降低,如果创业者想要开公司,在资金短缺的情况下也可以依法注册公司。

前文我们已经提过,一个企业或公司的注册资本越小,那么它的股东所要承担的法律责任也越小,但是注册资本太小就说明公司实力不强,无法支付相关管理费用,无法向合伙人和员工支付薪水,甚至无法正常运转。

对于创业者而言,选择合适的注册资本可以参考以下两条建议,如图 5-4 所示。

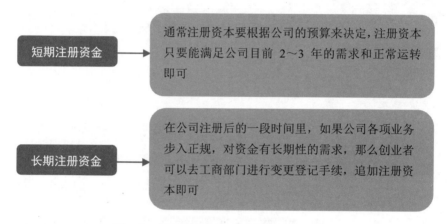

图 5-4 创业者注册资本可参考的两条建议

5.1.3 起草公司章程

根据新《公司法》的规定,公司成立的必要条件之一就是公司章程,如果公司章程没有获得登记机关审查批准,那么公司不能获得公司成立批准,由此可见公司章程的重要性。

按照一般规律,公司章程必须要具备以下特征,如表 5-1 所示。

表 5-1 公司章程的特征

特征体现之处	具体特征
法定性	公司章程具有明确的法律地位,无论公司大小,都必须具备这个特征
真实性	写入公司章程的内容必须保证客观性和真实性,不得将与公司实际情况相悖的内容写入
自治性	公司章程是按照法规制定的,但是它只作用于公司内部
公开性	对于股份有限公司而言,公司章程必须对投资者和债权人公开

第 5 章
注册公司：怎么注册属于自己的公司

如图 5-5 所示，为广州市某公司章程的影印文件。

广州市 _____ 有限公司章程
（设 执 行 董 事）
第一章 总 则

第一条 为规范本公司的组织和行为，保护公司股东的合法权益，根据《中华人民共和国公司法》、《广州市商事登记暂行办法》等规定制定本章程。本章程为本公司行为准则，公司全体股东、董事、监事和高级管理人员应当严格遵守。

第二章 公司名称、住所和申报的经营场所

第二条 公司名称：广州市_____有限公司_____。
第三条 住所：广州市_____。
第四条 申报的经营场所：_____。

第三章 公司主营项目类别和经营范围

第五条 主营项目类别 化学原料和化学制品制造业

一般经营项目：磷肥制造;复混肥料制造;有机肥料及微生物肥料制造;其他肥料制造;化肥批发;有机肥料及微生物肥料批发;化肥零售;有机肥料及微生物肥料零售;(依法须经批准的项目,经相关部门批准后方可开展经营活动)

第四章 公司注册资本及股东的姓名（名称）、和认缴的出资额、出资方式、出资时间

第七条 公司认缴注册资本：人民币 300 万元。
第八条 股东的姓名（名称，不填写证件号码）、认缴的出资额、出资方式、出资时间如下：

图 5-5 广州市某公司章程的影印文件

　　公司章程通过审核后是具有法律效力的，因此创业者在制定公司章程时，要尽量考虑周全，需要包含以下内容，如表 5-2 所示。

表 5-2 公司章程的内容

需要哪些内容	具体内容
哪些内容是必须记载的	新《公司法》中规定必须记载的事项在公司章程中是需要必须记载的
哪些内容是自行记载的	新《公司法》中列举的一些事项公司可根据自身的某些需求决定是否写入公司章程
哪些内容是任意记载的	法律没有明确规定，公司可自行决定是否写入公司章程

根据新《公司法》，以下内容是必须要写入章程的。

(1) 公司名称和注册地址。

(2) 公司经营范围。

(3) 公司设立方式。

(4) 公司注册资本。

(5) 发起人姓名和投资金额。

(6) 股东的权利和义务。

(7) 董事会的相关信息(成员、职权、任期等)。

(8) 公司法定代表人。

(9) 监事会的相关信息(成员、职权、任期等)。

(10) 公司利润分配办法。

(11) 公司清算的事由与清算办法。

(12) 公司的公告和通知办法。

(13) 股东大会认为需要记载的其他内容。

5.2 注册事宜，五个要点

创业者去工商局申请注册公司时，还需要处理一堆相关事宜，比如准备注册资料、了解注册费用、为公司命名、注册商标、选择办公地址等。

5.2.1 注册公司需要的资料

创业者去工商局申请注册公司时首先要面对的就是填写注册资料，在填写注册资料时首先选择公司的类型，公司类型不同，提交的资料也略有不同。

1. 注册股份有限公司需要什么资料

注册股份有限公司必须需要的资料有以下八种。

(1) 公司名称。

(2) 公司经营范围。
(3) 公司法人代表。
(4) 股东出资比例。
(5) 证件材料。
(6) 公司固定电话。
(7) 股东电话。
(8) 公司注册资金。

2．注册有限责任公司需要什么资料

除了以上八种资料外，注册有限责任公司还需要一份发起人协议。因为有限责任公司不是按照等额来分配股份的，股东的责任和义务是不明确的，所以创业者需要填写发起人协议来规定各个股东的责任和义务。

5.2.2 注册公司需要的费用

注册公司除了要付出辛苦外，还需要支付相关费用，注册公司时的主要费用如表 5-3 所示。

表 5-3 注册公司主要费用

费用类型	费用详情
公司注册资金	2014 年 3 月 1 日之后，不再需要实缴注册资本，方便了创业者
核名注册费	创业者所在地和时间不同，工商局核名费也有差异；某些地方注册费为注册资本的 0.8‰，当然不同城市政策各不相同
机构代码费	组织机构代码证所需费用不同城市不尽相同，创业者可去当地工商局了解
公司印花税	这里的印花税包括两个部分，分别是房屋租赁印花税和注册资金印花税。房屋租赁印花税按注册地租金的 1‰ 收缴，注册资金印花税按注册资本的 0.5‰ 收缴
公司刻章费	公司必备的三个章：公章、法人章和财务章。这三个章在不同的地方所需的刻章费用
验资报告费	50 万内交 1000 元给会计师事务所，可以自选
银行开户费	临时开户与基本户费是 200～800 元，创业者可根据自己需求自选

5.2.3 为公司取一个好名

根据新《公司法》规定，如果创业者成立的公司属于有限责任公司，那么其公司名称必须要注明有限责任公司或有限公司字样。

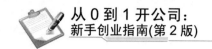

公司名称一般由三部分组成，其构成为"字号或商号"+"行业或经营者特点"+"组织形式"。其命名的基本原则如表5-4所示。

表5-4 命名的基本原则

原则	原则详情
独特性原则	公司名称要有独创性，要有自己的概念，和其他公司的名称要有明显的区分点
传播性原则	创业者在追求独特性原则时不应该过分标新立异，比如用生僻字、拗口的词，就连古人取名大多不会取太拗口和生僻的字，当然明清两朝的皇帝为天下人避讳方便，都是生僻字。在此之前，皇帝的名字大多是常用字，汉武帝叫刘彻，他孙子汉宣帝叫刘询；唐玄宗叫李隆基，他儿子唐肃宗叫李亨。因此，创业者在满足独特性原则的前提下，尽量用词简单明确，易写易记
统一性原则	公司名称要与公司形象相统一，不能产生太大的偏差感
数理原则	国家不同，那么忌讳的数字也不同；创业者个人信仰不同，那么创业者所忌讳的数理也不一样。这一点其实并不那么重要，很多中国人忌讳"4"，比如OPPO、VIVO和华为等手机都是没有第四代的，但是小米手机偏偏有第四代。再如西方人忌讳"13"，但是苹果手机系统有"iOS13"。所以说，这种子虚乌有的忌讳得看创业者怎么去看待了
五行原则	五行本身就是一个伪命题，不过很多创业者都是宁可信其有，不可信其无。一般来说做餐饮行业的多半不会含"金"字，因为"火克金"，这是一种忌讳。筷子本名叫"箸"，船夫们认为"住"谐音是"停下"的意思，应该要"快"才行，于是，"箸"就被改称"筷"，一代代流传了下来。这种五行八卦本身就是一个伪命题，但它却可以给人一种心理上的暗示，所以还是那句话，这在于创业者自己怎么看待

公司名称代表着一个公司的形象，是一个公司的门面，一个好的公司名字说不定可以给公司带来更好的效益，让人更好地记住这个公司或品牌。那么，为公司取一个好名称有什么技巧呢？

(1) 引起大家的好奇心理。

好奇心是人类最基本的特征，同时也是驱使人类千百年来不断探索人类自己的本质、生命的意义、宇宙和自然的真理的动力。一个公司的名称只有引起大家的注意才会让人印象深刻，而让人印象深刻最好的办法莫过于引起大家的好奇心。比如"天津狗不理"，命名新奇，让人忍不住一探究竟。

(2) 使用富有创新的词语。

有些公司的名称使用的是新创的词语，比如"可口可乐"。而且"可口可乐"这个词功劳最大的还是翻译这个词的人，让消费者一听就感觉"可口可乐"这个新玩意肯定既可口又可乐，如图5-6所示。

图 5-6 驰名世界的"可口可乐"品牌

之前娃哈哈公司推出过"非常可乐",主打"中国人自己的可乐"标语。"非常可乐"这个名称一语双关,可以理解为"某事非常值得高兴",还可以理解为"此可乐非寻常的可乐",如图 5-7 所示。

图 5-7 "非常可乐"品牌

(3) 使用简单易记的词。
(4) 用词偏美好和理想化。

5.2.4 如何注册一个商标

一般来说,公司不仅需要有自己的名称,还需要有自己的商标,如果创业者的商标没有经过注册就使用的话,此商标不受法律保护,任何山寨品牌使用创业者这个商标都不会构成侵权。

商标争夺事件中最有名的是"王老吉"和"加多宝",两者从"商标之争"到

"全国销量领先"的广告语之争，再到"红罐之争"，闹得满城风雨，人尽皆知，如图 5-8 所示。

图 5-8 "王老吉"和"加多宝"纠纷

"王老吉"和"加多宝"因为商标引起了三场争端，商标重要性可见一斑。既然商标这么重要，那么我们应该怎么注册一个商标呢？

(1) 商标查询，降低失败可能性，提高注册成功率。

(2) 发现有相似或相同的商标，要么放弃当前的注册工作，要么重新策划一个商标。

(3) 准备营业执照等相关资料。

(4) 向商标注册局提交申请。

(5) 等待审核通知，通常需要 3～5 个工作日。

(6) 等待实质审查结果，通常需要 6～8 个月。

(7) 准许注册之后进入公示期，公示期内无异议则可收到《商标注册证》，公示期时间为 3 个月。

5.2.5 如何选择公司办公地址

"近朱者赤，近墨者黑""蓬生麻中，不扶而直；白沙在涅，与之俱黑""孟母三迁"等，这些古语告诉我们一个成长环境对人的影响是有多大。对于一个公司而言，环境的影响也是不可忽视的，它会影响员工的去留，会影响公司的发展。

综合来看，创业者在选择办公地址时，可以着重从以下四个因素去考虑，如图 5-9 所示。

创业者在选择租赁办公场所时，可以考虑以下四种租赁方式。

(1) 合租：创业者不明确自己的租赁期限，可以选择与其他公司联合办公。

(2) 转租：在创业初期，创业者可以选择低于市场价格的转租场所。

(3) 直租：直接向业主或房东租赁。
(4) 平台：充分利用分时共享办公平台，例如：WeWork、优客工场等。

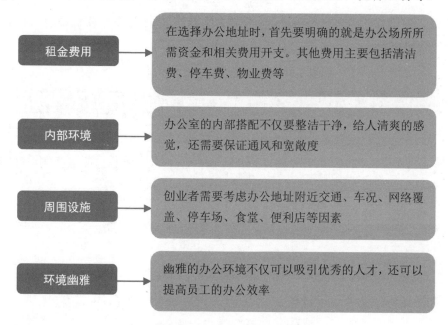

图 5-9 选择办公地址需要考虑的因素

5.3 银行验资，三个要点

新《公司法》明确规定："公司的注册资本必须经法定的验资机构出具验资报告，验资机构出具的验资报告是表明公司注册资本数额的合法证明。"

5.3.1 银行验资需要什么资料

相关验资机构进行验资时，创业者需要准备以下材料。
(1) 公司名称核准通知书复印件。
(2) 公司章程复印件。
(3) 投资人身份证或营业执照。
(4) 银行进账单与对账单。
(5) 公司地址证明材料。
(6) 股东会议决议及股东印章。
(7) 其他材料。

5.3.2 开设一个临时账户

创业者在准备好了验资材料后,可以去银行申请开设临时存款账户,其具体流程如表5-5所示。

表5-5 申请开设临时存款账户流程

流程名称	流程详情
创业者填写申请书	在填写好临时账户申请书后,创业者必须在指定的地方加盖法人印章和股东印章,并提供相关证明材料
填写相关业务单据	办理临时账户的费用各家银行的收费标准都不一样,它们唯一相同的就是都需要加盖财务章和法人章
办理进账单询证单	在注册资金到账后,创业者即可前往银行办理进账单
等待银行进行审核	通过银行验证后,一般会出具入资证明和返回询证函

5.3.3 验资的具体流程

下面简单介绍银行验资过程。

(1) 创业者公司核名,取得名称核准书。

(2) 刻股东印章。

(3) 前往银行开设临时存款账户。

(4) 股东将资金存入临时存款账户。

(5) 会计事务所验资并出具验资报告。

第6章

财务管理：有哪些合理避税节税的方法

学前提示

　　财务是一个公司的命脉，企业的采购、工资、税收、研发经费、产品经费等，都是依赖于公司的财政，同时财务健康是一个企业健康的标志，抓稳了财务就抓稳了公司的核心。不过，对于一个国家来说尚且会有财政问题，需要"开源节流"，那么一个企业又该如何管理财务呢？

要点展示

- 财务基础，三个了解
- 税务基础，四个掌握

6.1 财务基础，三个了解

对于一个公司而言，财务是最重要的一块，公司盈亏都在它身上反映出来，因此创业者在注册公司之后需要稍微了解财务概念和相关财务知识。

6.1.1 了解 10 个财务术语

财务专业术语很多，有些还很复杂，对于一般初创公司的创业者来说过于深奥，下面只选取 10 个相对简单却常用的财务术语，如表 6-1 所示。

表 6-1 10 个相对简单却常用的财务术语

财务术语	名词解释
复核增长率	复核增长率是一项投资在特定时期内的年度增长率，它描述一个投资回报率转变成一个较稳定的投资回报所得到的期望值。它可以把每年不均衡的增长曲线变得更加平滑
毛利率	毛利率指的是毛利与销售收入(或营业收入)的百分比，其中毛利是收入和与收入相对应的营业成本之间的差额，毛利率越高，说明产品或服务增值部分的比例就高
现金流量	现金流量指的是一个公司或企业在投资一个项目期间，按照现金收付制收付款，它会通过一定的经济活动产生现金流入和流出
机会成本	机会成本不是公司实际产生的成本，它指的是一个公司或企业为了一个项目或一个目标而放弃另一个项目或目标的最大价值
销售利润率	销售利润是公司在它所有销售业务中实现的利润，销售利润率是财务分析中的一个盈利能力类的指标。 销售利润率是总利润和产品销售净收入的百分比，它可以拿来衡量一个公司或企业的收益水平
实缴股本	实缴股本指的是公司成立时实际收到的股东投入的资金总额。因此实缴股本又叫作实收资本，是公司实际拥有的总额度
流动资产	企业资产主要由流动资产和固定资产组成，企业资产中的流动资产指的是企业在一定运营周期里可以变现或运用的资产。 流动资产在企业发展的过程中占据重要地位，它主要包括货币资金、短期投资、应收账款和企业存货
会计	会计不仅仅是从事会计工作的人员，它更是作为一项公司经济管理工作而存在。 会计主要作用有三个：①是公司进行决策和宏观调控的重要依据；②可以为投资人、债权人、政府部门等提供公司财务状况和现金流信息等；③是考核公司老板经济责任履行情况、加强企业管理的重要保证

第 6 章 财务管理：有哪些合理避税节税的方法

续表

财务术语	名词解释
会计凭证	会计凭证是记录日常经营活动发生或者完成情况的书面证明，同时它也是会计记账的重要依据。 会计凭证的作用有三点：①是会计核算的不可忽视的依据；②可以依靠它检查公司相关经济业务的真实性和合理性；③明确经济责任，强化内部控制
会计账簿	会计账簿是由一定格式的账页组成的账簿，根据核审通过的会计凭证进行登记，可以相对全面、连续地记录公司的各项经济业务

6.1.2 了解财务报表

财务对于一个公司的重要性不言而喻，如果一个创业者本身就没有多少投资，而且还不会管理财务，那么他的公司资产就会迅速缩水，甚至公司还没开始起步就会走向破产。

最鲜明的例子就是贾跃亭，在他的带领下乐视迅速扩张，从乐视视频网站到乐视影业、乐视体育、乐视手机、乐视盒子、乐视金融、乐视云、乐视汽车等多个领域，但是由于扩张速度太快，财务上不断亏钱，贾跃亭被打入了失信被执行人名单，跑到美国去了。

前几年共享单车火遍全国，其中 ofo 小黄车创造出"无桩共享单车"模式，风头一时无两，但是随着小黄车无限制的扩展，在与另一个共享单车摩拜的竞争中败下阵来，终在 2019 年年初破产，如图 6-1 所示。

图 6-1 ofo 小黄车

罗永浩缔造一个制作精良、设计人性化的手机品牌——锤子，然而 2019 年年初锤子科技却由于资产问题导致罗永浩离开了锤子科技，并且不久之后罗永浩被打入失信被执行人名单。

从以上三个案例中我们可以看出财务对一个公司的重要。对于一个创业者来说，管理好公司财务要先从看懂财务报表开始。

1. 利润表

利润表指的是反映一个公司在某个会计期间经营成果的报表，可以直截了当地看出公司在这段时间里的盈利状况，如图 6-2 所示。

项目	年初数	本年累计数
一、主营业务收入	5700	6000
减：主营业务成本	5006	5288
主营业务税金及附加	56	56
二、主营业务利润	638	656
加：其他业务利润	72	40
减：营业费用	40	44
管理费用	80	92
财务费用	192	220
三、营业利润	398	340

利润表
2008年12月31日
编制单位：xx公司　　　单位：万元

图 6-2　利润表

1) 营业收入

营业收入指的是企业在日常经营业务过程中经济收益的总流入，它包括主营业务收入和其他业务收入。

2) 营业利润

营业利润指的是在企业日常运营活动中，通过商品销售、服务等方式所获得的利润，它是一个企业利润的主要来源。

2. 资产负债表

资产负债表指的是企业在某个特定时期的财务状况(包括资产、负债、权益等)的会计报表，如图 6-3 所示。

1) 资产

资产指的是在一个周期内变现、出售或者能运用的资产，由流动资产和固定资产构成，在财务报表中包括货币资金、短期投资、应收票据、应收账款、应收账款净额、预付账款、存货、其他应收款等。

第 6 章
财务管理：有哪些合理避税节税的方法

一．资料

资产负债表

编制单位：xx公司　　　　2008年12月31日　　　　单位：万元

资产	年初数	年末数	负债及所有者权益	年初数	年末数
流动资产：			流动负债：		
货币资金	50	100	短期借款	90	120
短期投资	24	12	应付票据	8	10
应收票据	22	16	应付账款	218	200
应收账款	400	800	预收账款	8	20
减：坏账准备	2	4	其他应付款	24	14
应收账款净额	398	796	应付工资	2	4
预付账款	8	44	应付福利费	32	24
其他应收款	44	24	应交税金	8	10
存货	652	238	应付利润	20	56
待摊费用	14	64	其他应交款	2	14
待处理流动资产损失	8	16	预提费用	10	18
一年内到期的长期债券投资	0	90	一年内到期的长期负债	18	110
流动资产合计	1220	1400	流动负债合计	440	600

图 6-3　资产负债表

2) 负债

负债指的是企业在过去某个时期因为某交易或事项导致的负债，其偿还时间和偿还日期在合同中有明确的规定。

负债按照时间长度可以分为流动负债和长期负债。

6.1.3　了解记账方法

记账方法指的是按照一定原理、记账符号和规则，采用统一的计量单位，在账簿中登记经济业务的方法。

当然，在公司经营业务不同，其记账方法也会有所不同。总的来说，记账方法根据记录方法不同可以分为两大类。

(1) 单式记账法。
(2) 复式记账法。

在复式记账法上我们根据记账符号的不同，可以继续分类。

(1) 借贷记账法。
(2) 增减记账法。
(3) 收付记账法。

1．单式记账法

单式记账法只能反映现金收付情况，不能明确地反映债权主体和债权对象，这是一种不完整的记账方法，只适用于小门店之类的小经济体，具体信息如下。

(1) 单式记账法只记录现金、银行存款的收付及债权、债务的清算，因此只有现金、银行存款、应收、应付四种账户。

(2) 优点：手续简单，节省会计核算的人力物力。

(3) 缺点：无法反映经济业务的来龙去脉、没有会计核算所要求的稽核功能。

(4) 举例：用现金 1000 元购买原材料，接到银行通知：收到购货单位所欠货款。

2. 复式记账法

复式记账法是在我国《公司会计准则》中明确规定的一种记账方法，其相关详细信息如下。

(1) 任何经济业务都会涉及两个或两个以上的方面。

(2) 复式记账法就是对每项经济业务都要以相等的金额在两个或两个以上相互联系的账户中进行登记，借以全面反映资金运动来龙去脉的一种科学的记账方法。

(3) 德国诗人歌德说："复式记账是人类智慧最美妙的发明之一。"

(4) 社会经济学家维纳·肖伯特说："复式记账的诞生，其意义可以与伽利略和牛顿的发现齐名。"

(5) 复式记账法有三种，但主要是借贷记账法。

3. 两者比较

关于单式记账法与复式记账法的具体比较，如表 6-2 和图 6-4 所示，我们可以明显地看出复式记账法逻辑更清晰，内容更翔实。

表 6-2 单式记账法与复式记账法比较

单式记账法	复式记账法
记账手续简便	对经济业务进行相互联系的双重登记，能够反映经济活动全貌
只反映经济业务的一个侧面，不能全面系统地反映经济业务	能够根据会计等式的平衡关系，检查账户记录的正确性

图 6-4 单式记账法与复式记账法比较

第 6 章
财务管理：有哪些合理避税节税的方法

6.2 税务基础，四个掌握

根据国家相关法律法规规定，纳税是公司应尽的义务，已领取工商营业执照的从事生产和经营的纳税人必须在 30 日之内办理税务登记，如不及时办理，逾期则需要罚款。

6.2.1 掌握税务登记流程

税务登记指的是公司向注册所在地领取工商营业执照后向主管税务机构申报办理税务登记，领取税务凭证，如图 6-7 所示。

税务登记具体流程可以分为三个步骤。

1) 申请工商营业执照

办理税务登记需要的资料有法人和股东身份证、组织机构代码、验资报告和工商营业执照等。如果创业者没有工商营业执照，那么需要先申请工商营业执照。

2) 填写税务登记表

根据创业者公司实际情况填写《税务登记申请表》。

3) 等待审核

提交申请表和相关资料后，等待审核通过后即可领取《税务登记证》(见图 6-5)。

图 6-5 税务登记证

6.2.2 掌握公司应该缴的税有哪些

对于创业者而言，在开办公司之时，很容易遇到税务问题，如果不懂税务或不了解税务相关常识，不清楚自己公司该缴纳哪些税款，必然会导致公司在管理上和税务上的混乱。

创业者需要明白的是，如果公司在管理和税务上混乱不堪的话，必然会产生这些问题：税收利益会受到冲击甚至亏损、加大公司税务风险、与税务部门关系紧张。

当然，初创公司在与税务打交道之前，先要了解我国税种有哪些，如图6-6与图6-7所示，我国常见的税种有18种。

分类	税种
货劳税类	增值税、消费税、营业税、烟叶税、关税、船舶吨税
所得税类	企业所得税、个人所得税
财产税类	房产税、车船税、契税
资源税类	资源税、城镇土地使用税、耕地占用税
行为目的税	车购税、印花税、城建税、土地增值税、固投税

图6-6 我国现行税种分类结构

图6-7 我国常见的税种

税收是以实现国家公共财政职能为目的，是国家财政收入的主要形式，它具有强制性、固定性、无偿性三大特征。如果创业者不了解相关税种，可从下面具体介绍相关税种里大致了解一下，如表6-3所示。

表6-3 相关税种介绍

相关税种	税种详情
营业税	它属于流转税制中的税种，指的是在我国境内提供应税服务、销售不动产、转让无形资产的单位以其营业额为依据按照一定百分比征收的一种税，一般来说，该百分比为3%
增值税	该税种税收范围较广，它主要包括销售货物、加工、修理等，它是以商品在流转过程中新增价值为对象而征收的一种税

第 6 章
财务管理：有哪些合理避税节税的方法

续表

相关税种	税种详情
城市维护建设税	它简称城建税，顾名思义，指的是为了加强城市建设和维护所需资金而征收的一个税种，该税种的税率随创业者所在城市不同，征收税率也有很大的不同
教育费附加税	它指的是纳税人所在地根据其所缴纳的增值税、消费税而征收的一种附加税，一般来说其税率为3%
印花税	它指的是以经济活动或者在经济活动中签订的具有法律效力的凭证而征收的一种税
企业所得税	它指的是对国内的所有企业就其来源于境内外的生产经营所得或者其他方式所得而进行征收税款的一种税，税率通常为25%
消费税	它指的是对特定货物与劳务征收的一种税，主要包括以下五种：①过度消费会对健康、生态环境造成危害的产品；②奢侈品；③不可替代和可替代的石油类产品；④高耗能产品；⑤具有财政意义的产品
车船使用税	在我国拥有和使用车辆、船舶的企业、单位和个人按照相关法律法规而被征收的一种税
土地使用税	在城市、县城等范围内使用土地的单位和个人根据实际土地面积来征收税款的一种税

6.2.3 掌握节税的常用方法

创业者在开办公司和运营公司的过程中不得不考虑的问题就是运营成本问题，而在运营成本中，公司所缴纳的税款占比最大。那么公司如何在不违反法律的情况下合理节税？当然，如果公司或企业违反了相关法律法规，那么它就需要承担相应的行政法律责任和刑事法律责任，如图6-8所示。

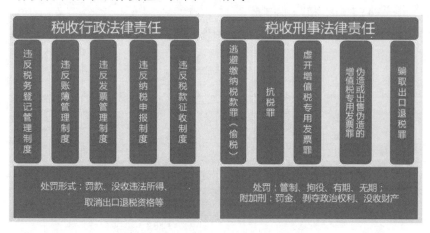

图 6-8　税务违法行为需要承担的责任

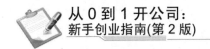

1．技术入股节税

技术入股是指技术持有人以技术为代价成为公司的股东。虽然从一般意义上来说，技术只是一种无形资产，但是技术持有人或出资人可以对这个技术所能创造的价值进行评估。

如果创业者在创立公司时已经掌握一种核心技术，那么这种核心技术能提高公司的竞争力、促进公司的发展，如果还以技术入股的话，在计算运营成本时，就需要将这一部分算进去，这样的话就能提高营业成本、降低营业税所得费用，达到公司节税的目的。

2．改成合资企业

国家对外资企业一般有很多优惠政策，根据这个思路，创业者可尝试将企业由内资企业改成中外合资企业、中外合作经营企业。

3．提高员工待遇

创业者可以尝试建立职工养老基金、教育基金等，这些费用便可纳入企业成本开支中，既调动了员工积极性，又节省了税收，属一举两得之事。

4．租赁法

对于初创公司而言，某些设备太昂贵，那么创业者可以选择租用其他企业或公司的设备。

6.2.4　掌握公司报税的流程

随着时代的发展和互联网的发展，目前公司报税越来越方便，它主要有两种报税方式，分别是纸质申报和网上申报。

(1)　纸质申报：一般以辅导期公司为主。
(2)　网上申报：除辅导期外的一般纳税人。

1．纸质申报

如果公司选择纸质申报，那么需要填写五张表格。

(1)　主表。
(2)　销项情况明细表。
(3)　专用发票申报抵扣明细。
(4)　专用发票存根明细。
(5)　进项税额明细表。

2．网上申报

网上报税流程需要注意以下事项。

(1) 申报表申报成功后,不能再次填写或者纠正;未申报和申报失败均视为未申报。

(2) "网上划款"可根据申请者的申报表进行开票,地税局会根据开票信息进行划款。

(3) 申报结束后进行查询操作,确保自己申报成功。

网上申报流程如图6-9所示。

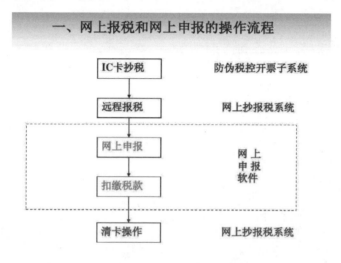

图6-9 网上申报流程

第 7 章

股权分配：如何合理分配初创公司股权

学前提示

对于一个初创公司来说，股权分配不仅涉及公司的发展，严重一点说，很有可能涉及一个初创公司的存亡。其中，最典型的案例便是"罗辑思维"两大合伙人罗振宇和申音正是因为股权分配不合理而分道扬镳。那么，作为初创公司，如何做才能避免这个问题？

要点展示

- 分配准备，五个要点
- 分配机制，五种类型
- 分配策略，四个核心

7.1 分配准备，五个要点

初创企业在制定合伙人机制时，必须选择合理的股权分配方式，保证每个合伙人的既得利益，避免矛盾的产生，从而导致合伙创业失败。

7.1.1 确定公司创始人

在开始合伙创业之前，首先要选择一个最合适的创始人，并确定好他的个人身价。创始人是承担企业责任和风险的人，判断方法也非常简单，那就是这个人通常是"只干活不拿钱"，我们看其中一个创始人股权分配的计算方法，如图7-1所示。

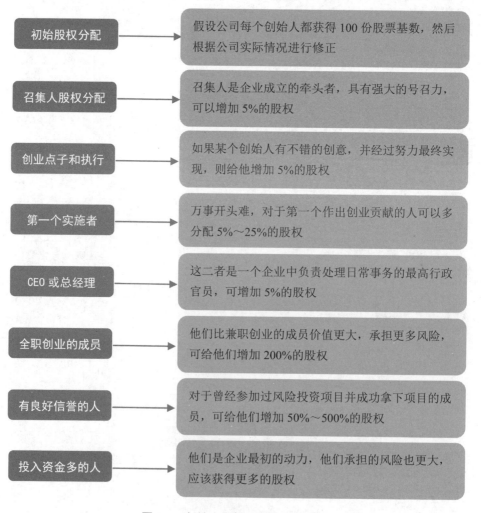

图 7-1 创始人股权分配的计算方法

例如,谷歌的创始人包括拉·里佩奇(Lawrence Edward Page)、谢尔盖·布林(Sergey Brin)两人,他们在退居幕后依然拥有谷歌 5.8%和 5.6%的股份。而对于初创公司而言,在确定好企业创始人的身份后,接下来还需要确定他们的身价,这决定了他具体能够获得多少股权。

根据以上原则来分配创始人的股权,最后综合这些因素进行计算即可。例如,某个公司四个创始人最终分得的股份为:创始人 A 分得 200 股,创始人 B 分得 250 股,创始人 C 分得 300 股,创始人 D 分得 250 股。则他们的总股份为 200+250+300+250=1000 份,则可以计算出他们的持股比例为 20%:25%:30%:25%。

7.1.2 合理分配股权

确保公司或项目的长久运营是股权分配的核心原则,所有分配方式都必须以这个原则作为出发点。如图 7-2 所示,为股权分配的基本原则。

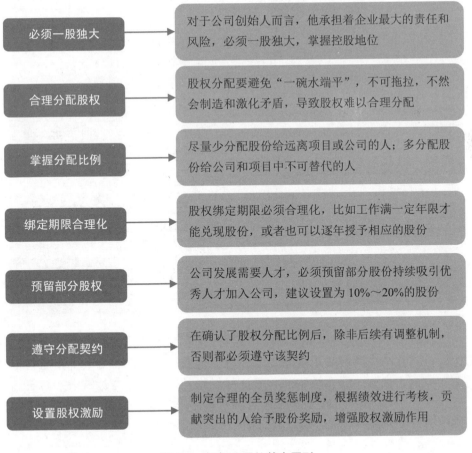

图 7-2 股权分配的基本原则

股权分配必须做到利益平衡，也就是说投资的风险和收益一定要均衡，付出越多的人，风险越大，获得的收益也应该更大。同时，股权分配还需要做到阶段平衡，不仅要保证现阶段的公平分配，同时还要留下一定的调整空间，保持足够的灵活性。例如，小米曾拿出 1.63 亿元给 380 名员工做股权激励，华为更是将 98.6%的股份分给员工，任正非仅持股 1.4%，但依然是华为最大的股东，而且是唯一一个人股东，拥有绝对的企业管理决策权。比较合理的股权分配结构如图 7-3 所示。

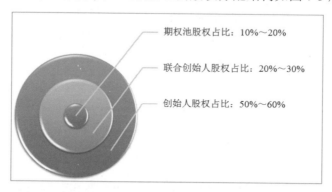

图 7-3 比较合理的股权分配结构

7.1.3 股权架构

如果合伙人的创业能力非常强，而且创业积极性也很高，同时与企业有了很好的磨合度，此时就会牵涉到股权架构的设计问题，将利益分配谈清楚，避免以后产生矛盾。股权架构的基本设计原则如图 7-4 所示。

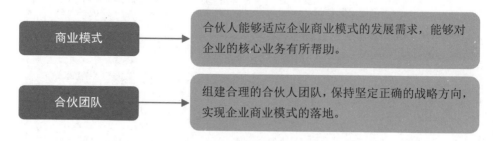

图 7-4 股权架构的基本设计原则

例如，"真功夫"解决了中餐无法标准化的问题，正准备筹划上市与肯德基、麦当劳一争天下之际，股东潘宇海和蔡达标发生了纠纷，蔡达标将潘宇海赶出了核心层。最终，蔡达标因为职务侵占入狱，"真功夫"前途毁于一旦。如图 7-5 所示，为蔡达标被捕前真功夫公司股权结构。

第 7 章
股权分配：如何合理分配初创公司股权

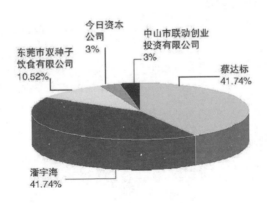

图 7-5　蔡达标被捕前真功夫公司股权结构

由于股东股权都是 41.74%，导致公司内部发生权力斗争的问题，"真功夫"的两大合伙人最终"分手"，对簿公堂。

股权架构设计不合理，会导致很多问题。
(1) 实际创始人股权少，劳心劳力得不到应有的利益，会心理不平衡。
(2) 投资机会对公司会望而生畏，难以获得融资。
(3) 股权没有预留利益空间，难以吸引新的优秀合伙人加入。
因此，初创企业一定要长远考虑股权架构的设计，对合作各方形成有效激励。

7.1.4　分配机制

动态股权分配是初创企业常用的一种股权分配机制，其基本原则就是"论功行赏"，即根据合伙人的贡献，按比例获取相应的股权，其适用对象如图 7-6 所示。

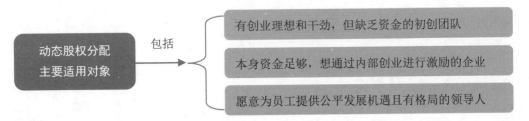

图 7-6　动态股权分配的适用对象

动态股权分配是相对于静态(固定)股权分配机制产生的，传统的静态(固定)股权分配机制可以分为如图 7-7 所示的两种情况。

可以看到，在传统的静态股权分配机制中，不管采用哪种分配方式，都存在一定的弊端，都有可能破坏创业团队的和谐发展，甚至导致不欢而散的局面。因此，在这种情况下，产生了新的动态股权分配机制。

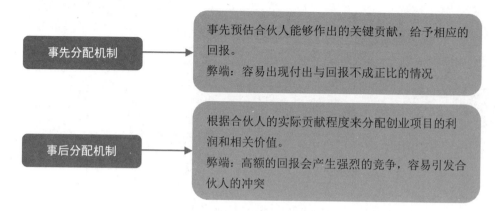

图 7-7　静态(固定)股权分配机制

动态股权分配机制最核心的要素就是贡献点和贡献值,通过约定一个计算标准,来量化记录合伙人的贡献点,得到相应的贡献值。在创业过程中,通过持续记录合伙人的贡献值,并根据该数值分配相应比例的股权,直到项目完成。如表 7-1 所示,为部分贡献点和贡献值的计算标准。

表 7-1　部分贡献点和贡献值的计算标准

合伙人的贡献点	贡献值计算标准
合伙人投入的资金	具体金额
全职工作的合伙人,在创业早期每月只领取一小部分工资	应得的工资－实际领取的工资
合伙人投入的创业场地	场地的租金
合伙人投入全新的设备	购买设备的价格
合伙人运用了自己的人脉关系	这些人脉为企业创造的实际价值
合伙人提供了商标权	(1)普通商标:注册成本 (2)知名商标:协商评估
合伙人提供了著作权	著作权版税
合伙人提供了技术专利	专利价值评估
合伙人提供的创意	不计算

通过定期记录这些贡献值,如每个月或者每个项目完成后来计算,合伙人作出的贡献点不同,那么得到贡献值也会产生动态变化。因此,每个人的股权比例也是"动态"变化的,而契约和计算标准是动态股权分配机制的关键所在。同时,在不同的创业或项目阶段,还需要适时权衡合伙人在各方面付出的贡献与所起的作用,设计相应的机制来保持动态平衡,合理调整股权分配比例。

第7章 股权分配：如何合理分配初创公司股权

7.1.5 股份绑定

当所有合伙人都获得合理的股权分配额度后，股权的管理工作并没有就此结束，有时会出现合伙人工作不积极，或者半途退出等情况，这样在处理股权问题时就会非常麻烦。

为了避免这种问题，在分配股权时加入了股份绑定机制，即按照合伙人在企业工作的时间长短，逐步兑现股权，一般做法是4~5年兑现完。如图7-8所示，为设置工作4年分期兑现股权的方法。

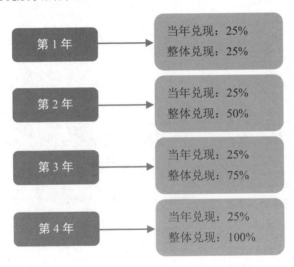

图7-8　4年分期兑现股权的方法

同时，股份绑定在企业后，还具有非常灵活的调整机制，企业可以将那些尚未分配的股权，根据合伙人的贡献度和价值重新进行分配，体现公平合理的股权分配原则，具体方法如图7-9所示。

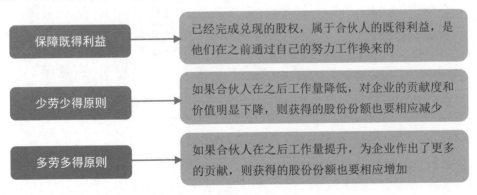

图7-9　股份绑定制度的调整方法

股份绑定机制可以有效杜绝企业中出现坐享其成的合伙人，有利于股权激励作用的发挥，值得所有的公司重视。

7.2 分配机制，五种类型

股权分配有多种方式，包括夫妻股东、两人合伙、三人合伙、多人合伙以及员工股权等。

7.2.1 夫妻股东

夫妻合伙是一种比较常见和特殊的两人合伙形式，虽然明面上是两个人，但本质上他们都属于同一个家庭，等于说风险和责任还是由自己来承担。这种情况下，两个人都会撸起袖子更加努力地干活，两个人可能都会比较强势，因此一旦产生分歧，就很容易爆发冲突。

在现实生活中，夫妻联手创业的案例非常多，而且这些夫妻双方都拥有一定的个人能力，如果能够相互弥补，当然是最好不过多的。

比如，丈夫专做产品、技术类的事务，妻子则主要负责企业的人事管理，那么彼此的冲突范围就会非常小。

股权的多少本质上体现了权力的大小，夫妻的股权都属于家庭的共同财产。如果对于权力的分配非常模糊，那么创业失败甚至感情破裂也是非常常见的结果。因此，夫妻合伙创业一定要学会将生活和工作区分开来，在决策与经营中能够取长补短，消除片面性与情绪化所造成的失误。

夫妻合伙股权分配最天然的比例就是 1∶1。夫妻之间权利与义务是同体关系，彼此地位平等，对企业财产有共同的所有权和处理权。但是，我们可以把分红权和表决权分离开来，具体方法如图 7-10 所示。

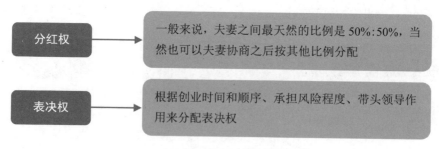

图 7-10 夫妻股东的股权分配方式

如果这个项目是由丈夫发起的，则可以把全部的分红权都让给妻子，家里的事由妻子管理；而自己掌握所有的表决权，企业的管理由丈夫全权负责，双方互不干涉。

第7章
股权分配：如何合理分配初创公司股权

例如，潘石屹和张欣夫妇相濡以沫 12 年，在这 12 年里两人一起创业做生意，配合默契，创造了中国神话，成为百亿富豪，在 2019 年福布斯中国 400 富豪榜中，潘石屹、张欣夫妇名列第 107 名。

另外，建议随着企业规模的发展，夫妻中的一人可以慢慢退出公司的管理，毕竟事业不是一个人的全部，能兼顾家庭和事业的人才是真正有智慧的创业者。

7.2.2 两人合伙

在创建企业时，两人合伙是常见的现象，这种合伙模式的股权分配方式也比较容易，具体方法如下。

(1) 根据个人能力分配股权。 倘若两个人都是全职工作，在个人能力方面，建议错开搭配，可以"一强一弱"，这样能力强的人股权比例高一些，能力差的人股权比例则低一些。

(2) 根据分工方式分配股权。 公司的内外分工也有很大的区别：对于全职在内工作的人来说，即使投资小，但占股比例可以更大；对于在外不全职工作的人，或者只投资不加入公司运营的人来说，即使投钱多，也只能分配小额股份。

(3) 根据发起人分配股权。 企业发起人通常也是带头人，按道理来说要给予更多股份。但也有一些特殊情况，发起人只是召集者，并不全职参与公司运作，而合伙人则全职工作，这种情况有以下两种分配方法。

- 方法一：发起人转变为投资人，分配小额股份。
- 方法二：如果发起人不甘心自己花了这么多钱却只占"小股"，还可以通过商定分红的方式来分配利润，需要考虑工资、奖金、分红等方面的收入，让作出贡献的更多人能够多分配一些股权，保证合伙人之间的利益均衡。

(4) 根据投资金额分配股权。 很多时候，两人合伙会直接按照彼此的投资金额来分配股权，这种方式最简单，但仍然需要根据实际情况做评估和计算，达到合理分配的原则。

- 案例说明：例如，某个公司预计总投资为 2000 万元，合伙人 A 投入 400 万元，且全职工作，并分配 20%的股份；合伙人 B 投入 1600 万元，但他没有全职加入，却占了 80%的股份。这种情况对于合伙人 A 来说，显然是不合理的，他很难全身心地投入到工作中，这样对于企业发展非常不利。
- 解决方案：如果合伙人 A 是企业发起人，建议可以根据他的贡献和作用，适当提高股权比例，建议可以设置为 80%，而合伙人 B 可以设置为 20%，或者也可以采用 7(67%)：3(33%)的方式，这种分配方式的决策者非常清晰，可以对企业作出快速有效的决策，更利于公司的发展。

总之，两人合伙创业时，创始人一定要保证分配到绝对的决策权，这样才能让创业项目安全、稳健地发展。同时，两人合伙还需要规避一些错误的股权分配方式，相关示例如图 7-11 所示。

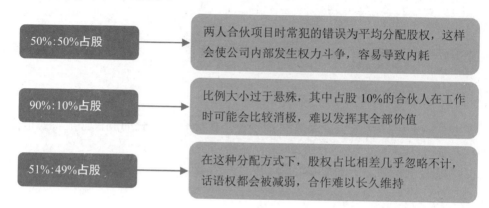

图 7-11　错误的两人合伙股权分配方式

7.2.3　三人合伙

三人合伙共同创业可以发挥非常巨大的力量，其主要优势如图 7-12 所示。

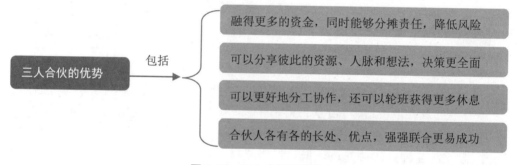

图 7-12　三人合伙的优势

在三人合伙机制下，建议最大股东拥有的股权比例要超过另外两个人的股权之和，如图 7-13 所示。三人合伙其实也有很多弊端，不仅需要分摊更多的利润，而且意见难以一致，彼此之间容易猜忌，下决定也会更慢一些。

另外，还有一种比较常见的特殊分配方式，那就是 33.4%∶33.3%∶33.3%的平均分配方法，这种股权比例非常容易出现矛盾。通常是以资金投资比例来分配的，没有考虑到全职工作的情况，就是简单地认为大家都出一样多的钱，拿到同样的利润。

当然，有的人会对公司特别上心，而有的人则会偷懒不干活，此时做事多的人自然会心生芥蒂，甚至会产生法律纠纷。因此，三人合伙时还应该注意下面这些股权分配方式，如图 7-14 所示，尽量避免矛盾的产生。

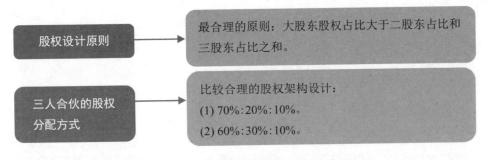

图 7-13 夫妻股东的股权分配方式

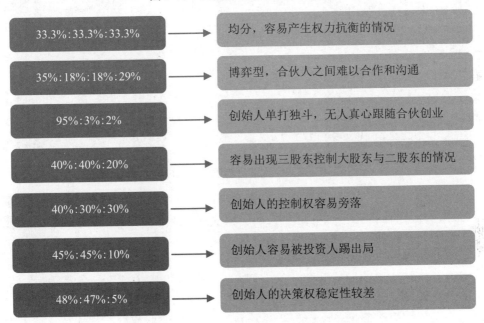

图 7-14 三人合伙需要避免的股权设计结构

在自私、贪婪的人性驱使下,小股东可能会为自身利益去干扰大股东的经营管理。

苹果公司就是一个三人合伙创建的公司,其中创始人史蒂夫·乔布斯是一个不折不扣的天才,但即便是这样厉害的人物,也因为缺乏团队合作意识,曾经一度被赶出自己创立的苹果公司。因此,三人合伙时一定保护好带头创始人,让他得到应有的尊重,这样才能实现长期共赢。

7.2.4 多人合伙

当创业合伙人数超过三个人时,比较常见的多人合伙有四人合伙和五人合伙,不管有多少个合伙人,创始人必须要有一票否决权,这是一种强有力的保住公司实际控制权的方式。

如果其他合伙人的股份总和大于创始人的占比,那么创始人在做决策时就需要慎重考虑他们的共同意见,保持决策的合理性。

在多人合伙创业时,平均分配股权的方式是最不应该出现的,这样看上去虽然人人都有一样的股份,大家皆大欢喜,实际上大家都没有权力,谁也做不了主,这样的公司就像是无头苍蝇,找不到方向。下面以五个人合伙为例,介绍几种常见的股权比例设计方式,如图7-15所示。

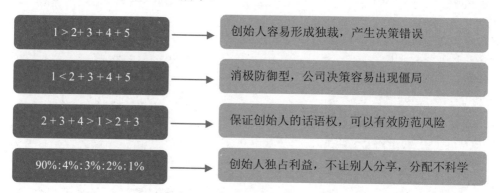

图7-15 五人合伙常见的股权比例设计方式

对于创始人来说,控制一家企业非常重要,例如小米的雷军、京东的刘强东、百度的李彦宏,他们从进公司到今天,一直都在公司,而且是公司核心的灵魂人物,牢牢把握着控制权,带领公司往前发展。

企业创始人应该善待早期的创业伙伴,尽早设计科学合理的股权架构,适时、适当地进行最初阶段的股权分配。约定好初步的股权分配方式之后,还要确定好增资、退出等股权变更协定,最好从一开始就写在纸面上,以免日后麻烦。

另外,对于初创企业来说,还可以采用"54321"的股权分配方式,具体方案如图7-16所示。

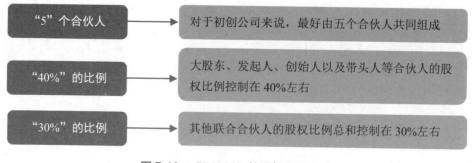

图7-16 "54321"的股权分配方式

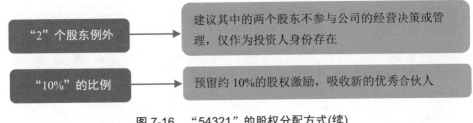

图 7-16 "54321"的股权分配方式(续)

7.2.5 员工股权

建立公司后，创始人首先要招聘员工，其核心就是需要先有"员工心态"，这样才便于打造公司的未来。

在创业初期，有些创始人也会发展一些优秀员工作为合伙人，给予他们一定的股权激励，这样做的弊端如图 7-17 所示。

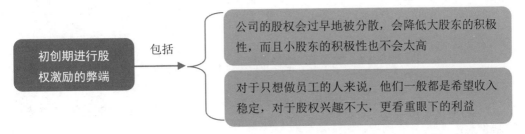

图 7-17 初创期进行股权激励的弊端

因此，创始人或带头人在准备给员工分配股权时，也不要拿出太多的份额，建议为 5%～15%。在给员工分配股权时，他们最好能满足一些条件，如图 7-18 所示。

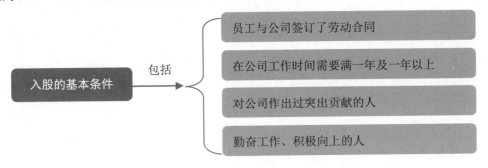

图 7-18 员工入股的基本条件示例

对于员工内部持股的股份性质，也可以根据自己公司的实际情况做一些特殊的要求。如图 7-19 所示，为员工股权分配的一些股份性质说明。

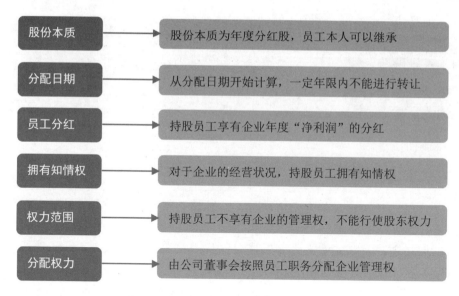

图 7-19　员工内部持股的股份性质示例

7.3　分配策略，四个核心

合伙创业有什么技巧？该制定什么样的策略？该怎么体现企业文化？这些都是初创企业需要回答的问题。

7.3.1　核心思想

创业的两个核心分别是人才和资金，有人有钱才好办事，不管如何，成功的企业无不是依靠人才和资金的力量才发展壮大的。

此外，不管是对于大型企业还是中小型企业来说，容错思想不仅是一种组织结构创新，同时还是一种很好的试错机制。

每一个内部创业项目就是一个试错单元，不仅能够形成内部竞争的激励氛围，而且还能为企业找到新的出路。

1. 两个核心

人才和资金的相关分析如图 7-20 所示。

对于创业公司来说，过去最难获得的是资金，而如今募资的渠道越来越多，招募人才成为最大的需求。企业之间的竞争，归根结底还是人才的竞争，更进一步来讲，就是核心人才之间的竞争。下面介绍一些招募和留住人才的相关技巧，如图 7-21 所示，将培养和引进相结合，使初创企业的执行力、创造力得到保障。

第 7 章
股权分配：如何合理分配初创公司股权

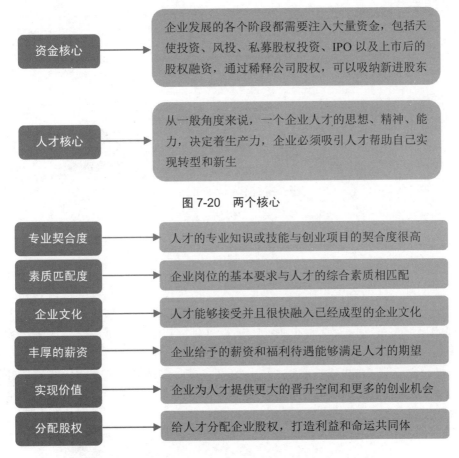

图 7-20 两个核心

图 7-21 招募和留住人才的相关技巧

2. 一个思想

初创企业会面临很多不确定性因素，难免会产生错误，因此一定要有容错思想和试错机制，使用优胜劣汰的原则保持正确的发展方向。

例如，谷歌公司内部有一个非常神秘的部门，那就是"Google X"实验室，专门用来试验各种疯狂的创意，而苹果也有自己的测试实验室，苹果每一代优秀产品都在这里测试，如图 7-22 所示。苹果实验室的项目都带有试错性质，既有可能成为大商机，也有可能一次次淘汰试验品。

再如国内的创维集团，原创维数码控股有限公司 CEO、创维集团总裁杨东文曾说过这样一句话："创维是从死人堆里爬出来的。"在创维创业早期，市场上同类品牌多达数百个，如今只剩下仅有的几个大品牌了。杨东文表示："创维这样的大公司是有试错机制的，错了可以重来。"

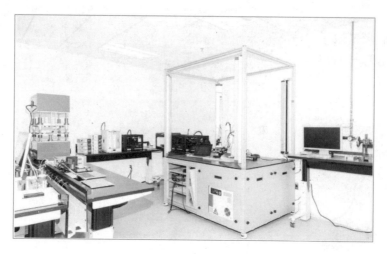

图 7-22　苹果实验室

对于创维这样的大公司来说，可以在企业内部创业中建立多种"可选择性"的试错机制，这样就无须高级顾问提供建议，也无须依靠卓越领导人的判断。因为我们的创业项目不可能每次都是正确的，所以这种容错思想可以很自然地淘汰那些错误的举动，从而让优秀的创业项目获得更多发展。

例如，创立于 2003 年的腾讯，其成功要点就是涉及面广而且多，如今已经成为中国互联网巨头，腾讯在快速推出"掌上英雄联盟 1"之后，立即招募用户进行测试，收集反馈信息，进行版本迭代更新。如图 7-23 所示，为腾讯游戏官网。

图 7-23　腾讯游戏官网

腾讯游戏主要是通过试错机制筛选出来的，并且通过内部创业的方式进行推进。同理，对于合伙创业来说，失败并不可怕，创业者需要通过各种小成本的试错机制，不断地从中吸取经验教训，并快速地在更迭过程中进行创新和调整，这才是创业的涅槃重生之道。

7.3.2 价值导向

在初创阶段进行股权分配时，一定要按合伙人的贡献量化来分配股权，明确各个合伙人长久的责任、权力和利益。量化贡献的主要参考因素如图 7-24 所示。

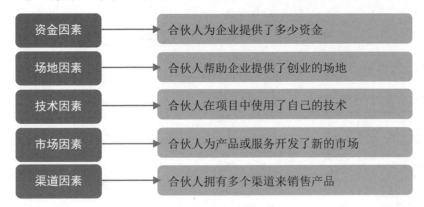

图 7-24　量化贡献的主要参考因素

在合伙创业时，每个合伙人都承担了不同的角色，对于企业的发展都是至关重要的，都能够为企业作出自己的贡献。但是，这些贡献的性质和作用都不同，因此我们难以进行等价的对比，这让股权分配也变得无所适从。

因此，我们需要将合伙人作出的这些贡献，通过"为公司带来的价值"为标准进行量化处理，具体计算方法如图 7-25 所示。

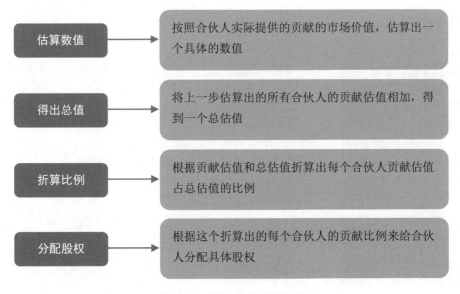

图 7-25　量化共享分配股权

7.3.3 企业文化

对于初创企业来说,企业文化的建立可以营造良好的工作氛围,帮助企业引入更多资金和有能力的合伙人。认同企业文化,可以让企业内部人员的关系更加融洽,在处理股权分配问题时效率也会更高。如图 7-26 所示,为企业文化的基本作用。

对于初创型的公司来说,企业文化的种子就是创始团队的文化,他们的价值观、做事做人风格,会成为企业的基因,极大地影响企业的发展。

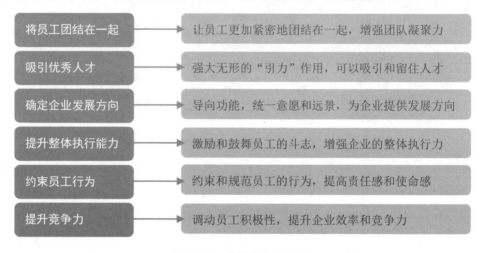

图 7-26　企业文化的作用

在企业文化建设中,信任、公平是基本原则,其相关技巧和注意事项如图 7-27 所示。

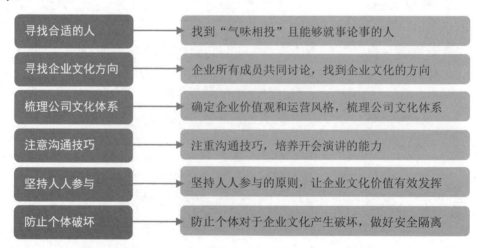

图 7-27　企业文化建设的技巧和注意事项

7.3.4 杠铃策略

在对企业内部创业团队进行分配股权时,可以采用"杠铃策略"保持积极开放和被动保守的创业项目的平衡,使企业获得长久稳健的发展,如图 7-28 所示。

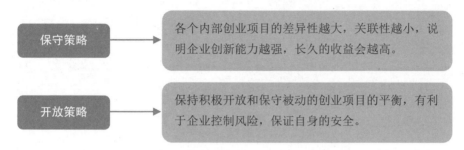

图 7-28　采用杠铃策略保持企业稳健发展

相反,企业内部创业项目的关联性越强,则企业的创新能力和控风险能力就会越弱,会与自己的核心业务产生竞争,导致不必要的内耗。

第8章

股权激励：全面挖掘公司参与者的潜力

学前提示

小米在 2010 年公司成立之初就导入股权激励，吸引了八位联合创始人，上市估值 3600 多亿元，造就九个亿万富翁，5500 多个千万富翁。成功的企业没有一家是不做股权激励的。本章将总结股权激励设计方法，帮助大家打造出和大公司一样的优秀股权激励制度。

要点展示

- 股权激励，两个内容
- 落实政策，四个要点

8.1 股权激励，两个内容

对于一个企业而言，除了合理的股权分配之外，还需要激励员工，让他们在工作中发挥出最大的价值。

1. 组建团队

股权激励包括很多工作，都需要由团队配合来完成。组建团队是一件辛苦的事情，因为团队是一个集体，需要有人、有物、有架构、有分工。

1) 组建团队的成员

通常情况下，股权激励的团队成员包括以下人员，如图8-1所示。

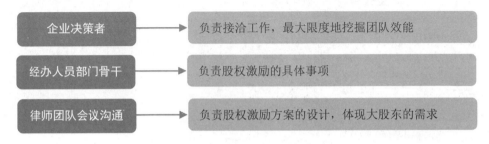

图8-1 股权激励的团队成员

2) 团队的工作职责

在设计股权激励方案时，不仅要有明确的团队目标，还要针对不同角色的团队成员做好分工，让他们能够按照既定方案开展具体的工作。下面介绍股权激励团队的基本工作职责，如图8-2所示。

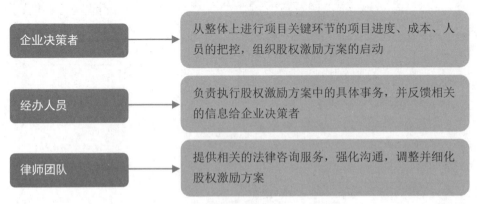

图8-2 股权激励团队的工作职责

只有拥有了一支具有很强向心力、凝聚力、战斗力的团队，拥有了一批彼此间互相鼓励、支持、学习、合作的员工，企业才能有效推进股价激励计划的顺利开展。

2．沟通机制

组建好合适的团队后，还需要构建相应的沟通机制。沟通机制是促使团队工作正常运行的重要方式，能够使企业决策者从整体上把控团队沟通和调整机制，从而提高工作效率。

1) 提高团队沟通效率

对于一个股权激励团队来说，日常的沟通效率决定了团队的办事效率。下面介绍一下提高团队沟通效率的技巧，如图 8-3 所示。

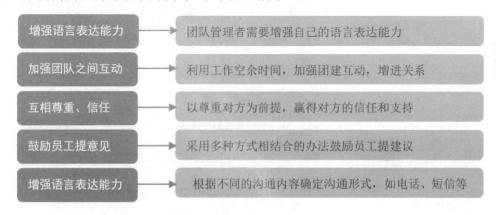

图 8-3　提高团队沟通效率的技巧

2) 构建团队沟通机制

团队出现沟通欠缺和沟通效率低的问题，主要是因为缺乏完善的沟通机制，对于一些股权激励方案中的日常决策，总是很难快速执行。因此，建立有效的沟通机制形式，可以帮助团队快速地提高沟通效率，具体方法如图 8-4 所示。

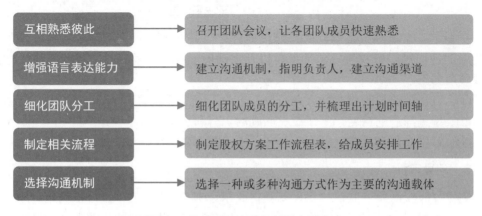

图 8-4　构建团队沟通机制的主要方法

8.1.1 审批方案

接下来可以召集股权激励方案中涉及的所有相关利益人员，进行集中访谈，从而快速、直接地了解各类信息，获取他们对于方案的不同意见，从而优化和调整股权激励方案。

1. 集中访谈

集中访谈需要结合后面的"六定"内容，来完成一些主要任务，如图8-5所示。

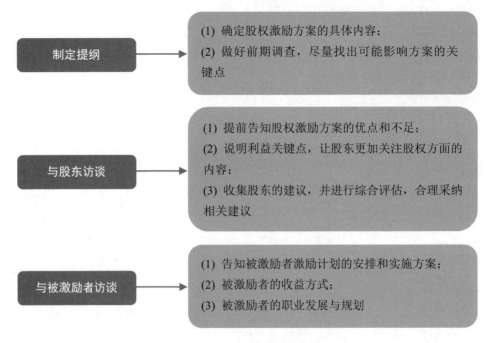

图8-5 集中访谈的主要任务

在制定股权激励方案的同时，还需要针对相关参与人员和被激励者做好培训工作，增加他们对于股权激励的理解，以及调动他们参与的积极性。股权激励培训的主要作用如下。

(1) 宣传企业的股权激励方案，以及事业发展前景。
(2) 增进沟通的深度，阐述股权激励的优势和风险。
(3) 解答股权激励的问题，收集和采纳优秀的建议。

2. 领导审批

制定好股权激励方案后，还需要获得股东会(股东大会)的审批才能实施。股东会和股东大会都是公司的最高组织机构，职能功能基本相同，只是股东会是有限责任公司的最高组织机构，股东大会是股份有限公司的最高组织机构。股权激励方案审

第 8 章
股权激励：全面挖掘公司参与者的潜力

批的具体流程如图 8-6 所示。

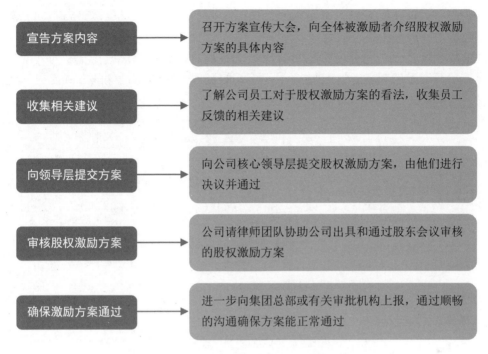

图 8-6　股权激励方案审批的具体流程

8.1.2　"六定"原则

在制定股权激励方案的具体内容时，主要用到"六定"原则，如图 8-7 所示。

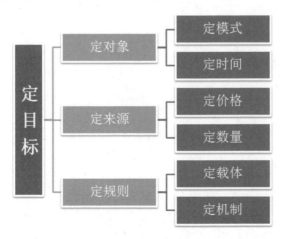

图 8-7　股权激励方案的"六定"原则

1. 定模式

企业在制定股权激励方案内容时,可以根据不同的激励对象,采用不同的激励模式或者多种模式相结合的方法。

各种激励模式之间并没有绝对的优劣,需要的只是企业根据自身的内外部环境条件、所要激励的对象,并且结合不同模式的机理,来选择最优的方式而已。选择股权激励模式的主要影响因素如图8-8所示。

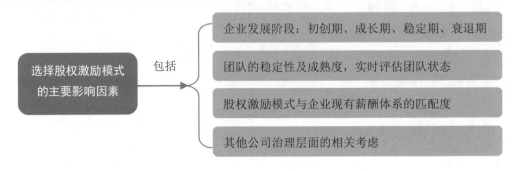

图8-8 选择股权激励模式的主要影响因素

如表8-1所示,我们总结了15种股权激励模式的对比。

表8-1 10种股权激励模式对比

激励模式	激励效果	约束力度	现金流量压力	受股价的影响
干股激励	强	中	小	弱
期权激励	强	中	中	强
限制性股票	强	强	弱	中
股票增值权	中	中	强	强
虚拟股权	中	弱	强	中
延期支付	弱	强	弱	强
业绩股票	强	强	中	中
员工持股计划	弱	中	中	强
虚拟股票期权	中	中	强	中
管理层收购	强	中	弱	中
优先认股权	弱	弱	强	弱
分红回馈	强	强	中	弱

我们可以结合企业的发展阶段、激励目的和被激励对象等关键因素,来确定具体的股权激励模式,具体步骤如下。

(1) 向企业决策层宣讲各种股权激励模式的应用范围、优点和缺点，让他们了解不同激励模式的特点和区别。

(2) 根据激励目的的内在逻辑，圈定激励模式的主要范围。

(3) 针对不同激励模式的运营方式，进行模拟操作，并且集思广益，与企业领导形成一致的观点。

2. 定时间

在选择合适的激励模式后，接下来需要根据这些模式的具体要求来确定相关的时间点。

1) 有效期

有效期也就是指股权激励计划的起始日期，自股份股票授予之日起，至激励对象获得的股份股票全部解除限售或回购注销之日为止。设计股权激励计划的有效期时，需要考虑下面这些因素，如图 8-9 所示。

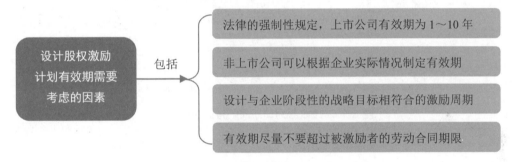

图 8-9 设计股权激励计划有效期需要考虑的因素

2) 授权日

授权日是指被激励者获得相关权益的实际日期，生效日是授权日的基础，生效日在前，授权日在后，具体关系如表 8-2 所示。

表 8-2 相关日期

相关日期	详情
生效日	(1) 非上市公司：公司股东会议审议股权激励计划通过之日； (2) 上市公司：计划上市报证监会备案之后，且证监会无任何异议，后经公司股东大会审议通过之日
授权日	(1) 激励计划经过公司审议通过之后，由执行董事确定一个具体日期； (2) 由公司按照相关规定对激励对象进行登记，并完成公布等相关程序
以授权日为起算时点，产生下列时间点	等待期、行权期、锁定期等

3) 限售期

限售期又可以称为等待期或锁定期,在这段时间内激励对象不能处理所持股权,不得将其转让、用于担保或偿还债务。股权激励计划的限售期的相关分析如图8-10所示。

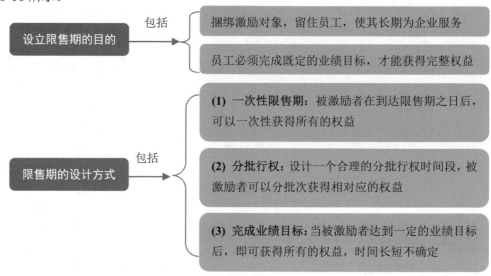

图8-10　股权激励计划的限售期的相关分析

3. 定价格

"定价格"主要考虑激励标的是否需要花钱购买,以及具体的获取价格。对于上市公司来说,股权激励机制的核心在于股权的获取价格和未来的权益价值之间的差价,这就是被激励者获得的收益,如图8-11所示。

图8-11　上市公司的股权收益算法

而对于非上市公司来说,由于没有对应的股票价格作为参考,因此其股权定价更加麻烦,其参考依据主要包括注册资本金、财务报表净资产值以及市场中同类企业采用相同股权激励模式所确定的价格。

1) 企业注册资本金

对于注册资本金和净资产基本相同的企业来说,可以以注册资本金为参考依据,来设计企业股权的价格。最简单的定价方法是将每份股权的获取价格设置为1元。

2) 企业净资产

注册资本金和净资产相差较大的企业可以根据公司财务报表净资产值、公司上年度审计净资产值、公司最近一期经评估净资产值等作为标准,得到一个总净资产估值,并除以总股本数量,即可得到每股净资产的价格,作为每股股权的获取价格。

另外,股权激励方案还可以根据公司的实际经营情况,在注册资本金或者每股净资产的基础上,以"公司老板愿意转让"和"公司员工能承受"为原则,设置一个合适的折扣,来确定股权的价格,加大激励力度。

3) 参考同类企业的价格

这种方法非常适合高新企业,可以在市场上找一些同行业、同类型的相似的上市企业,以他们的股价作为参考,并给予一定的折扣,计算出股权激励的获取价格。

4. 定数量

除了价格外,公司还需要确定拟用于股权激励计划的股份数额,即"定数量",主要包括股权总量和股权个量两个部分。

1) 确定股权总量

股权总量是指股权激励计划的股权数量总和,包括没有行权的期权等。确定股权总量的基本原则如图8-12所示。

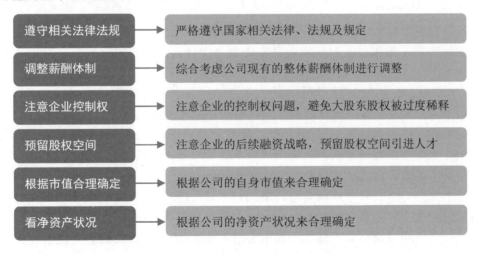

图8-12 确定股权总量的基本原则

《上市公司股权激励管理办法》对于上市公司的股权激励股份总额度和预留权益的相关规定如下:

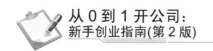

第十四条　上市公司可以同时实行多期股权激励计划。同时实行多期股权激励计划的，各期激励计划设立的公司业绩指标应当保持可比性，后期激励计划的公司业绩指标低于前期激励计划的，上市公司应当充分说明其原因与合理性。

上市公司全部在有效期内的股权激励计划所涉及的标的股票总数累计不得超过公司股本总额的 10%。非经股东大会特别决议批准，任何一名激励对象通过全部在有效期内的股权激励计划获授的本公司股票，累计不得超过公司股本总额的 1%。

本条所称股本总额是指股东大会批准最近一次股权激励计划时公司已发行的股本总额。

第十五条　上市公司在推出股权激励计划时，可以设置预留权益，预留比例不得超过本次股权激励计划拟授予权益数量的 20%。

上市公司应当在股权激励计划经股东大会审议通过后 12 个月内明确预留权益的授予对象；超过 12 个月未明确激励对象的，预留权益失效。

同时，股权总量的确定还需要注意公司的薪酬水平和企业市值与净资产等因素，具体影响如表 8-3 所示。

表 8-3　确定股权总量

股权总量	薪酬待遇
股权总量适当降低	薪酬待遇低于同行业水平
股权总量适当提高	薪酬待遇等于或高于同行业水平
同等股权比例下，市值高、净资产高的企业股权含金量高于市值低、净资产小的企业	

2)　确定股权个量

股权个量是指拟用于股权激励计划的每个个体自然人的股权数量。首先，确定股权个量的第一个原则同样是依法合规，下面为《国有科技型企业股权和分红激励暂行办法》(财资〔2016〕4 号)中对于股权激励的股本数量规定。

第十条　大型企业的股权激励总额不超过企业总股本的 5%；中型企业的股权激励总额不超过企业总股本的 10%；小、微型企业的股权激励总额不超过企业总股本的 30%，且单个激励对象获得的激励股权不得超过企业总股本的 3%。

企业不能因实施股权激励而改变国有控股地位。

第十三条　企业用于股权奖励的激励额不超过近 3 年税后利润累计形成的净资产增值额的 15%。企业实施股权奖励，必须与股权出售相结合。

股权奖励的激励对象，仅限于在本企业连续工作 3 年以上的重要技术人员。单个获得股权奖励的激励对象，必须以不低于 1∶1 的比例购买企业股权，且获得的股权奖励按激励实施时的评估价值折算，累计不超过 300 万元。

对于非上市公司，没有限制股权激励对象的授予额度，企业可以根据实际情况酌情决定，具体原则如图 8-13 所示。

图 8-13 非上市公司股权份额的分配原则

企业可以根据员工的价值和贡献来制定一个评价模式，如图 8-14 所示，为某公司期权激励制度范本中关于股权期权授予数量和方式的说明。

> **第四章 股权期权的授予数量、方式**
>
> **第十一条** 股权期权的授予数量总额由股东会决定，股权期权占公司总股份 12%。
>
> 一般来说，这个比例通常在 10%~30% 之间。当然这也看实际业务的需要和需要激励的人员数量。
>
> **第十二条** 股权期权的授予方式按照受益人所得积分兑换。积分的计提因素包括但不限于收益人的工龄、职位及对项目的贡献度，学历可作为原始积分只计提一次。受益人积分的计算依据在本制度的《实施细则》中作出详细说明。
>
> 本方案中采用积分的方式来确定最终是否能够授予期权和实际的授予数量，不同的公司可以设计不同的方法。

图 8-14 某公司股权期权激励制度范本

5. 定载体

持股载体是指员工持有股权的介质或方式，通常包括员工直接持股、通过公司间接持股以及通过合伙企业间接持股等形式，如图 8-15 所示。

员工直接持股是指员工以个人名义持有公司股权，从而获得公司的股东权力。

员工通过公司间接持股指的是被激励者共同拿出资金来建立有限责任公司，通过该公司来购买股权，然后员工通过持有有限责任公司的股权，来间接持有目标公司的股权。

通过合伙企业间接持股是指激励对象依法成立有限合伙企业，通过增资或股权受让的方式持有目标公司股权。

以上三种持股载体的优缺点对比如表 8-4 所示。

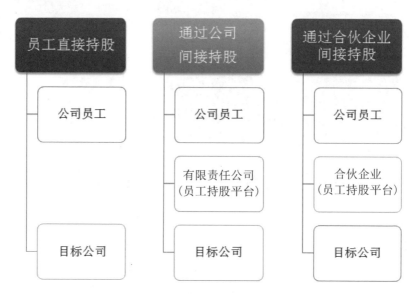

图 8-15 股权激励计划范本中的绩效考核规则说明

表 8-4 三种持股载体的优缺点对比

持股载体	优点	缺点
员工直接持股	税负最低	对员工长期持股约束不足
	操作较为简单	大股东难以回购股权
通过公司间接持股	捆绑员工与企业的利益	税负最高
	法律法规健全，风险小	股东只能同步转让股权
	股权结构可以灵活调整	决策力低
通过合伙企业间接持股	股东作决策时操作更简便	合伙人只能同步转让股权
	比通过公司间接持股的税收稍低	相关法律法规仍不健全，未来面临政策规范的风险
	可以少量地出资控制合伙企业	需要承担无限连带责任

6. 定机制

当激励对象获得企业股权后，这些股权如何流转、退出和分红等，这些机制同样需要在股权激励计划中确定下来。"定机制"可以增强股权激励计划的稳定性，同时有效避免风险。如图 8-16 所示，为退出机制的相关范本。

股权激励通常是一个长期的激励行为，但计划实施过程中激励对象可能会遇到各种情况，如激励对象的职务发生变更、激励对象离职、激励对象死亡、激励对象退休等，此时企业需要制定一系列的调整机制，针对不同的情况来调整股权激励计划，从而保证股权激励计划的正常运行。

```
1. 退出条件
持有本公司股份12个月以上。退出股东经办的借款本、息全部归还，无拖欠情况。

2. 退出情由
公司股东遇到以下情况可申请退出。
（1）公司连续两年不向股东分配利润，而公司在该两年连续盈利，并且符合《公司法》规定的利润分配条件。
（2）对于公司的合并、分立、转让主要财产等重大事件持反对意见。
（3）公司章程规定的营业期限届满或者公司章程规定的其他解散事项出现，股东会会议通过决议决定公司不再续存。
（4）公司持续两年以上无法召开股东大会，公司的经营发生严重困难。
（5）公司董事长期冲突，且无法通过董事会或者股东大会解决，公司经营管理发生严重困难。
（6）公司经营管理出现其他严重困难，公司继续存续可能会使股东利益受到重大损失。

3. 退出方式
（1）通过一般的股权转让退出公司
股东向股东以外的人转让股权，应当经过其他股东过半数的同意。退出股东应提前三个月就其股权转让事项向公司董事会突出书面申请通知其他股东，征求其他股东的同意。其他股东自接到该股东的书面申请之日起满三十日未答复的，视为同意转让。经股东同意转上的股权，在同等条件下，其他股东有优先购买权，两个以上股东主张行使优先购买权的，协商确定各自的购买比例；协商不成的，按照转让时各自的出资比例行使优先购买权。退出股东自提交退出申请书的当月起，不再享受公司的利润分红。

（2）通过行使回购请求权，要求公司回购自己所持股份
对于退出股东来说，如果没有受让方愿意另外支付价来接受其所持股份的转让，而其他股东又同意该股东撤回投资款项，该股东可以行使回购请求权，要求公司回购自己所持股份。公司购买该股权后，按照其他股东出资比例分摊到其他股东。回购该股东股权的资金分五次退还，每月一次，每次退还总额的20%，自该股东要求公司回购自己股权之日起，不再享受公司利润分红，且不再拥有在公司相应职位的权力（如股东大会、董事会等会议无表决权，但可以旁听）。
```

图 8-16 退出机制的相关范本

8.2 落实方案，四个要点

一家企业，其实是一个由很多人的利益紧密融合而形成的特殊实体，通常包括股权、治权和文化三个基本要素。其中，股权是建立企业管理模式和利益分配的关键所在。下面主要介绍实施股权激励的具体方案，包括实施原则、实施流程、实施机构和实施要点等。

8.2.1 实施原则

不同公司通常都有着自己的特点，因此在制定股权激励方案时，即使选择同样的激励模式，也会有不同的过程、状态和结果。但是，所有的股权激励方案都应该遵循以下基本原则，如图 8-17 所示，这样才能使公司形成真正的利益共同体。

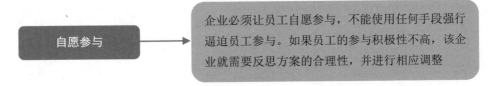

图 8-17 股权激励方案的实施原则

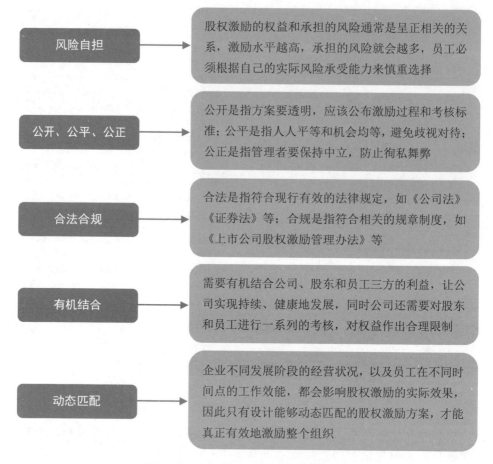

图 8-17 股权激励方案的实施原则(续)

股权激励可以让公司、股东和员工形成长期性的利益共同体。

8.2.2 实施流程

当公司设计好合适的股权激励方案后,接下来就可开始正式启动股权激励计划,基本实施流程如下。

(1) 公示方案。
(2) 确立对象。
(3) 签订协议。
(4) 召开会议。
(5) 成立机构。
(6) 搭建平台。
(7) 变更登记。

(8) 举行仪式。

1. 公示方案

股权激励方案实施的第一步就是"公示方案",让所有的员工了解股权激励方案的基本内容,以及相关的权利和义务,具体内容如图 8-18 所示。

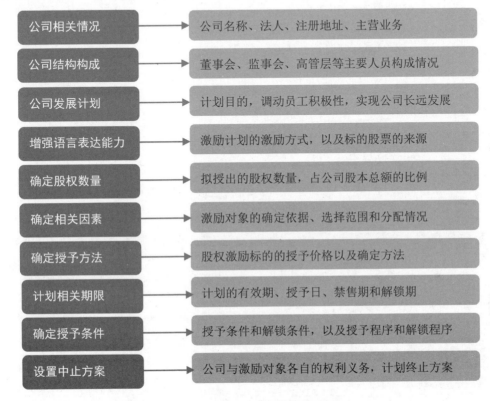

图 8-18 公式股权激励方案的具体内容

如图 8-19 所示,为荣科科技限制性股票激励计划(草案)公告的部分内容。

2. 确立对象

在股权方案中,必须确定好激励对象或者相关的范围和条件,并跟踪方案落实到具体的员工个人,制定最终的被激励者名单,相关范本如表 8-5 所示。公司可以通过绩效考核的方式来评估员工价值,并且由人力资源或者行政部门来初步确定激励对象。然后将初步筛选的名单交由律师根据股权激励方案的条件进行审核,最后再通过董事会、股东会或其他权利机构进行审批。

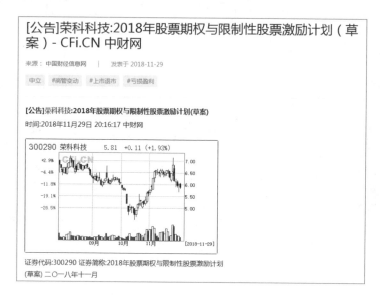

图 8-19　荣科科技公示的股权激励方案内容

图 8-5　被激励者名单

姓名	职务	人数	人均授予股数(万股)	授予总股数(万股)
张三	董事会秘书	1	30	30
李四	财务总负责	1	30	30
公司中层管理人员、公司核心管理人才及专业人才		1000	10	10000
预留部分		待定	待定	5000
合计		—	—	15060

企业可以在确定激励对象名单的同时，建立一个复议委员会和相关的复议机制，用于防止各激励对象产生争议的情况。对于对股权激励方案有意见的员工，可以在律师的协助下，向复议委员会申请复议。

3．签订协议

当最终的激励对象名单出来后，企业即可与他们签订一系列股权激励协议，如图 8-20 所示，通过这种契约来保障双方的权利和义务。

例如，《年度股权激励计划协议书》主要用于明确激励对象、公司和持股平台之间的权力义务，相关范本如图 8-21 所示。

在签订各种协议时，企业还可以举行一些专门的会议活动，来提升激励对象的仪式感。另外，签署的协议通常为一式三份(把相同内容的东西复制成三份)，由不同的主体各自持有，协议的内容和效力完全一致。

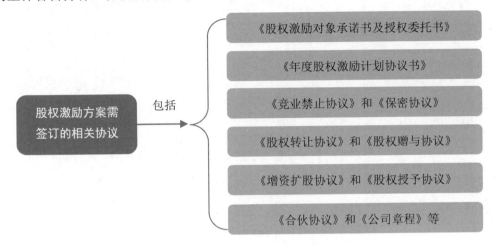

图 8-20 股权激励方案需签订的相关协议

图 8-21 《年度股权激励计划协议书》范本中关于权利义务的说明

4．召开会议

当双方签订协议确认股权关系后，企业可以召集所有的激励对象，召开一场持股员工会，由公司领导发表讲话，提升员工对于企业的认同感。召开持股员工会的基本规则内容如图 8-22 所示。

持股员工会可以帮助员工了解股权激励方案的分配导向，进一步明确持股员工的个人责任和义务，激发他们的"干事创业"热情。

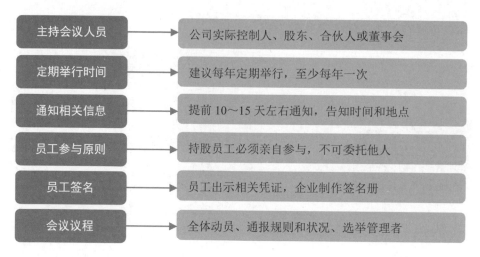

图 8-22 召开持股员工会的基本规则内容

5. 成立机构

股权管理机构需要有一定的独立性，要直接面向董事会负责，其成员包括独立董事或者外部董事等，其履行职责如图 8-23 所示。

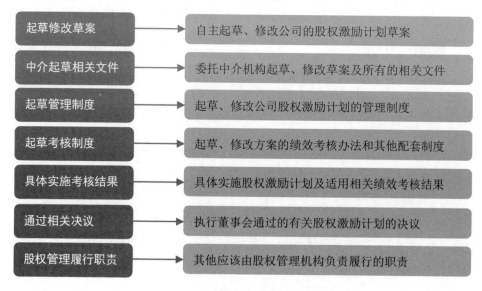

图 8-23 股权管理机构的履行职责

6. 搭建平台

员工要想成为企业的股东，可以直接持股，将自己的名字加入到注册股东列表中，也可以借助代持模式来持股，但这两种方法都存在弊端，在一定情况下不利于企业发展，而搭建持股平台就是另一种非常好的员工持股方式。

需要注意,直接持股和代持模式的弊端是相对的,相关分析如下。

1) 直接持股

直接持股适合股东人数少的公司,优点是激励性强,操作简单。但是如果公司的合伙股东非常多,在激励员工时,这种方法就不太适合了,员工人数多,稳定性较差,不仅会改变企业的股权结构和股东信息,而且如果他们在持股后离职,还需要进行工商变更登记,同时也会影响企业后期的上市和融资。

2) 代持模式

代持模式指的是由其他人代替你,持有公司的股权,这种方式会涉及税收和表决权的问题,同时还存在不小的道德风险,不推荐大家使用。

搭建持股平台的主要方法就是另外成立一家企业来管理公司用于股权激励的股份。下面通过一个有限合伙企业的案例来分析持股平台的基本组成结构,如图 8-24 所示。

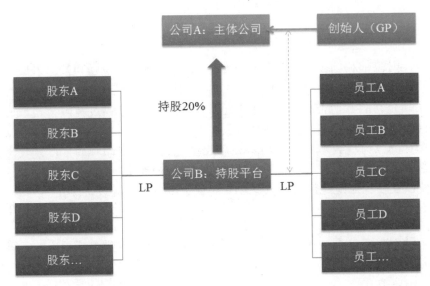

图 8-24 持股平台的结构示例

案例分析:主体公司(公司 A)成立一个公司 B 作为股权激励的持股平台,此时公司 B 成为公司 A 的新股东,且占股比例为 20%。接下来公司将激励对象放入到公司 B 中,让员工和部分小股东间接成为公司股东。创始人(GP)不管在公司 B 里占多少股份,只要《合伙协议》中约定了 GP 作为持股平台的执行事务合伙人(见图 8-25),则他可以对公司 B 所持有的公司股份行使表决权。

公司 B 不需要进行实际经营,成立的目的就是为了持股,所有激励对象的加入、退出都在公司 B 内部进行,用到的也只有这 20% 的股权,而不会影响公司 A 的股权结构。另外,公司 A 后期也可以注册一家全资控股的有限责任公司(公司 C),同时将其作为公司 B 的普通合伙人,从而实现通过持股平台来扩展其他业务。

图 8-25 《合伙协议》范本中的合伙事务执行说明

同时，财政部和国家税务总局颁布的《关于完善股权激励和技术入股有关所得税政策的通知》(财税〔2016〕101号)中对于激励股票来源也作了相关规定。这里对于法律法规允许的其他合理方式，我们也可以理解为包括通过有限公司或有限合伙持股平台间接持股方式，来授予激励对象股权。

激励标的应为境内居民企业的本公司股权。股权奖励的标的可以是技术成果投资入股到其他境内居民企业所取得的股权。激励标的股票(权)包括通过增发、大股东直接让渡以及法律法规允许的其他合理方式授予激励对象的股票(权)。

7. 变更登记

当激励对象向公司或持股平台交付出资后，企业还需要进行相应的工商变更登记，让激励对象获得公司的股份、股权和财产等份额，成为公司真正的股东。

1) 出资方式

出资方式是指激励对象为企业投入资金注册的形式，《中华人民共和国公司法》(2018修正)第二十七条对于有限责任公司股东出资方式作出明确的规定。

股东可以用货币出资，也可以用实物、知识产权、土地使用权等可以用货币估价并可以依法转让的非货币财产作价出资；但是，法律、行政法规规定不得作为出资的财产除外。对作为出资的非货币财产应当评估作价，核实财产，不得高估或者低估作价。法律、行政法规对评估作价有规定的，从其规定。

同时，《中华人民共和国合伙企业法》中对于普通合伙企业和有限合伙企业的出资方式都作出明确说明。

第十七条(针对普通合伙企业)

合伙人应当按照合伙协议约定的出资方式、数额和缴付期限，履行出资义务。

以非货币财产出资的,依照法律、行政法规的规定,需要办理财产权转移手续的,应当依法办理。

第六十四条(针对有限合伙企业)

有限合伙人可以用货币、实物、知识产权、土地使用权或者其他财产权利作价出资。有限合伙人不得以劳务出资。

2) 公司变更

新《公司法》规定,公司发行新股募足股款后,必须向公司登记机关办理变更登记,并公告。下面为《中华人民共和国公司法》第三十二条关于股东名册的相关规定。

有限责任公司应当置备股东名册,记载下列事项:

(一)股东的姓名或者名称及住所;

(二)股东的出资额;

(三)出资证明书编号。

记载于股东名册的股东,可以依股东名册主张行使股东权利。公司应当将股东的姓名或者名称向公司登记机关登记;登记事项发生变更的,应当办理变更登记。未经登记或者变更登记的,不得对抗第三人。

另外,《中华人民共和国公司登记管理条例》第九的规定如下。

公司的登记事项包括:

(一)名称;

(二)住所;

(三)法定代表人姓名;

(四)注册资本;

(五)公司类型;

(六)经营范围;

(七)营业期限;

(八)有限责任公司股东或者股份有限公司发起人的姓名或者名称。

从相关规定可以看到,公司的登记事项只包括股东的名称或姓名,没有包括其出资额。所以,如果公司是针对现有股东的股权激励,而股东名称没有产生变化的,则无须办理工商变更登记手续。

当然,如果是采用直接持股的激励方式,且激励对象是非持股员工,他们愿意成为公司的股东,而公司对此也无异议的话,则可以到工商部门作变更登记。

8. 举行仪式

最后,公司可以针对激励对象举行股权授予仪式,在公司内部认同和公示他们的股东身份,增加员工的荣誉感。股权授予仪式的具体内容如图8-26所示。

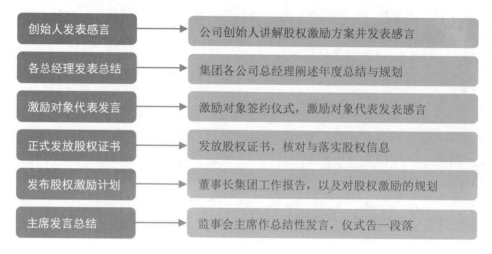

图 8-26 股权授予仪式的具体内容

其中,股权证书是由公司出具给股东的,盖有公司章以证明激励对象是公司股东的一份权利证书,如图 8-27 所示。

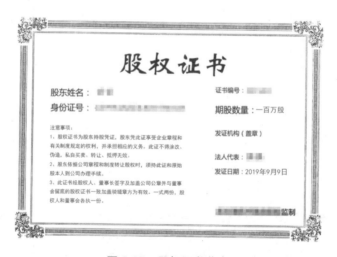

图 8-27 股权证书范本

股权证书作为股权激励对象的股东持股凭证,要明确写清楚公司的相关信息,然后加上股东的姓名和身份证号,股东持股的股份数量和占比,以及发证日期。股东可以凭股权证书,享受企业章程和有关制度规定的权利,并承担相应的义务。

8.2.3 实施机构

对于持股员工数量较多的企业来说,通过成立持股员工大会或者持股员工代表大会,可以有效地连接员工的个人利益与企业的发展命运,使企业内部的产权关系

第 8 章
股权激励：全面挖掘公司参与者的潜力

更加明确，同时调动员工的积极性，让企业凝聚力得到增强，从而形成"每个员工都关注企业、忠诚企业"的运行机制。持股员工大会的基本原则如图 8-28 所示。

图 8-28　股权授予仪式的具体内容

另外，持股员工代表大会还能够通过集中表决权，有效提升决策效率。持股员工代表大会的代表由持股员工组成，并且由全体持股员工投票选举产生。如图 8-29 所示，为持股员工代表大会的《组织与管理机构》规章范本。

图 8-29　《组织与管理机构》规章范本

股权管理机构主要负责股权激励计划的具体执行工作，其成员通常是由持股员工会议通过投票选举的方式产生，其设计结构如图 8-30 所示。

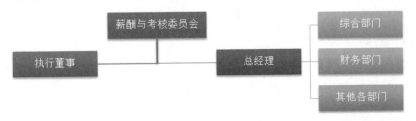

图 8-30　股权管理机构的设计结构示例

1．执行董事

执行董事的基本职责如下。
(1) 审核并确认激励对象的资格和条件。
(2) 制定业绩目标和相对应的激励比例。
(3) 审议激励对象获授权益的成立条件。
(4) 审批激励方案的实施、变更和终止。
(5) 办理股权的转让、退出和回购工作。

2．薪酬与考核委员会

薪酬与考核委员会的基本职责如下。
(1) 制定具体的股权激励方案。
(2) 定期修改和完善激励方案。

3．总经理

总经理的基本职责如下。
(1) 负责公司的日常经营决策。
(2) 重大事件提请公司执行董事审议。

4．综合部门

综合部门的基本职责如下。
(1) 做好股权激励的前期准备工作。
(2) 建设和落实公司绩效管理体系。
(3) 做好年度报告，明确相关人员和组织的绩效指标情况。

5．财务部门

财务部门的基本职责如下。
(1) 做好预算编制，控制预算费用。
(2) 提供财务数据，考核激励对象。
(3) 负责股权激励计划的财务和税务工作。
(4) 公布相关财务信息，并确保数据真实、准确。
(5) 配合完成相关领导安排的财务工作。

6．其他各部门

其他各部门的基本职责如下。
(1) 负责各部门内的股权激励方案的宣讲工作，促使激励对象积极完成任务，达到股权激励方案的要求。
(2) 遵循"公平、公正、透明"的原则，做好各部门内部的绩效管理考核任务，得到真实的考核结果。

8.2.4 实施要点

绩效考核方案主要是针对激励对象的一种约束机制，使其能够按照公司约定的相关要求来完成目标绩效，从而获得相应的股权激励标的。如果激励对象的实际完成业绩不满足公司的绩效考核标准，则股权激励所涉及的全部或部分权力将作废。

以个人绩效为例，实施股权激励方案的基本绩效考核可以从以下三个方面进行衡量，如图 8-31 所示。

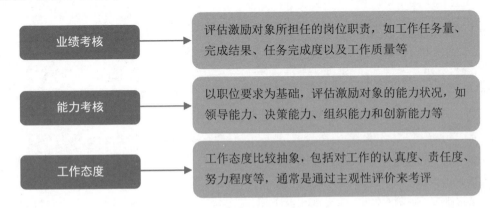

图 8-31　个人绩效的考核方法

股权代持是一种简化企业股权结构的方案，不仅操作程序和转让方式都较为简单，而且还可以规避法律法规对于股东人数的限制。其中，《中华人民共和国公司法》中作了如下规定。

第二十四条　股东人数

有限责任公司由五十个以下股东出资设立。

第七十八条　发起人的限制

设立股份有限公司，应当有二人以上二百人以下为发起人，其中须有半数以上的发起人在中国境内有住所。

虽然不建议使用，但是在一些人员和资本结构比较复杂的企业里，也会采用股权代持模式。需要注意的是，即使双方签订了《股权代持协议》，但企业登记的股东名称并未改变，他们掌握了所有的股权，有可能会对被代持者的利益产生损害，同时引起一些法律纠纷。因此，企业一定要选择品德高尚的代持股东，并且在《股权代持协议》中明确双方的权利和义务，以及相关的违约责任。

股权代持方案相关的法律法规如下。

《中华人民共和国物权法》(2007 年 3 月 16 日)

第一百零六条 善意取得

无处分权人将不动产或者动产转让给受让人的,所有权人有权追回;除法律另有规定外,符合下列情形的,受让人取得该不动产或者动产的所有权:

(一)受让人受让该不动产或者动产时是善意的;

(二)以合理的价格转让;

(三)转让的不动产或者动产依照法律规定应当登记的已经登记,不需要登记的已经交付给受让人。

受让人依照前款规定取得不动产或者动产的所有权的,原所有权人有权向无处分权人请求赔偿损失。

当事人善意取得其他物权的,参照前两款规定。

《最高人民法院关于适用<公司法>若干问题的规定(三)》(2014年修订)

第二十四条第三款 实际出资人未经公司其他股东半数以上同意,请求公司变更股东、签发出资证明书、记载于股东名册、记载于公司章程并办理公司登记机关登记的,人民法院不予支持。

第二十五条 名义股东将登记于其名下的股权转让、质押或者以其他方式处分,实际出资人以其对于股权享有实际权利为由,请求认定处分股权行为无效的,人民法院可以参照《物权法》第一百零六条的规定处理。

名义股东处分股权造成实际出资人损失,实际出资人请求名义股东承担赔偿责任的,人民法院应予支持。

在授予激励对象股权时,公司需要与其签订一系列法律文书,从而保障双方的权利和义务。公司进行股权激励计划涉及的具体实施文本:《有限合伙企业协议》《股权激励授予协议书》《激励对象承诺书》《出资确认书》《参与股权激励计划协议》《激励对象绩效考核责任书》《保密与竞业禁止协议》《激励对象绩效考核结果报告书》《股东授权委托书》《激励对象行权申请书》《一致行动协议》《激励对象行权批准书》《股权激励行权协议书》《股权转让协议》《股权赠与协议》《增资扩股协议》《股权代持协议》。

企业可以聘请专业律师为股权激励计划提供专项法律服务,律师可以根据企业实际情况,制作《股权激励方案》《股权激励管理规定》等相关法律文书。在起草这些股权激励方案的法律文书时,需要遵守一系列现行的法律法规文件的规定:《中华人民共和国公司法》《中华人民共和国证券法》《上市公司股权激励管理办法》《主板信息披露业务备忘录第3号——股权激励及员工持股计划》《中小企业板信息披露业务备忘录第4号:股权激励》《创业板信息披露业务备忘录第8号——股权激励计划》《中华人民共和国律师法》。

针对股权激励计划的法律文书起草的具体流程如图8-32所示。

第 8 章
股权激励：全面挖掘公司参与者的潜力

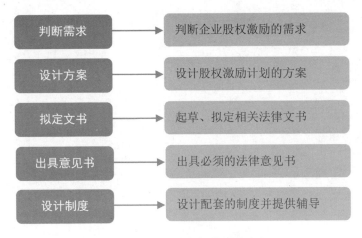

图 8-32　法律文书起草具体流程

第 9 章

退出机制：合伙人退出机制如何规则化

学前提示

《红楼梦》中有句话："千里搭长棚，没有不散的宴席。"对于宁国府与荣国府如此，对于一个公司合伙人来说亦是如此。有些合伙人可能因为自己想功成身退而退出，有些合伙人可能因为想跳槽去其他公司发展而退出……这时候公司就应该具备一套完整的退出机制。

要点展示

- 股权退出，六种机制
- 股东退出，六种方式
- 股权转让，六个要素

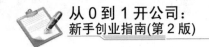

9.1 股权退出，六种机制

创始人开公司和投资人投资的目的，都是为了赚钱，一旦企业的利益达到了最大化，他们就会考虑通过退出来变现。为了避免公司股东在退出时产生不必要的纠纷，企业需要及早设计合理的股权退出机制，并将其落实到具体的协议上。

9.1.1 公司创始人退出机制

对于创业企业来说，创始人若要离开团队，就会牵涉到股权退出机制，具体方法如图 9-1 所示。如果没有设计股权退出机制，那么这些中途离场的合伙人就会带走股权，对他们来说非常有利，而对于还在支撑企业的其他合伙人来说，则显得非常,不公平。这样的企业，也无法给予合伙人安全感。

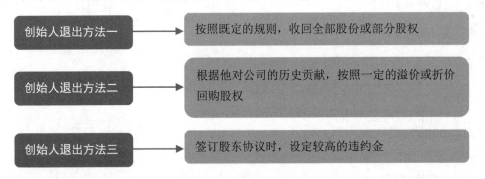

图 9-1 公司创始人退出方法

俗话说得好，"亲兄弟明算账"，合伙人的关系再好，在共同创建公司时也要约定好股权的退出机制，一旦谁离开，都应该收回他手中的股权，以免公司陷入发展困境。制定合理的创始人股权退出机制，不仅可以有效杜绝创始人中途离开的隐患，而且还能加强合伙人的凝聚力。

公司创始人的股权退出机制可以从以下两个方面来实施。
(1) 按照工作年限来发放股份。
(2) 按照阶段性业绩指标来发放股份。

9.1.2 股权投资人退出机制

股权投资人最常用的退出机制便是股权转让，即依照相关的法律法规，将自己的合法股权有偿出让给他人，从而实现套现退出。投资人通常采用私下协议转让或者新四板(区域性股权交易市场)公开挂牌等方式实现股权转让。

有限责任公司的股东退出，必须符合《中华人民共和国公司法》第七十四条所

第 9 章
退出机制：合伙人退出机制如何规则化

规定的股东申请退股的三种法定情形。

有下列情形之一的，对股东会该项决议投反对票的股东可以请求公司按照合理的价格有下列情形之一的，对股东会该项决议投反对票的股东可以请求公司按照合理的价格收购其股权：

（一）公司连续五年不向股东分配利润，而公司该五年连续盈利，并且符合本法规定的分配利润条件的；

（二）公司合并、分立、转让主要财产的；

（三）公司章程规定的营业期限届满或者章程规定的其他解散事由出现，股东会议通过决议修改章程使公司存续的。

9.1.3 股权合伙人退出机制

很多合伙人获得的股权与其为公司付出的努力往往是不对等的，因此他们在退出时，对于自己所做的贡献和获得的股权会觉得不平衡，甚至导致产生冲突。为了避免产生这种情况，可以留出一定的可调整空间的股权池，并且制定完善的股权机制。

根据合伙人的不同退出情况制定不同的退出机制，具体情况如图 9-2 所示。

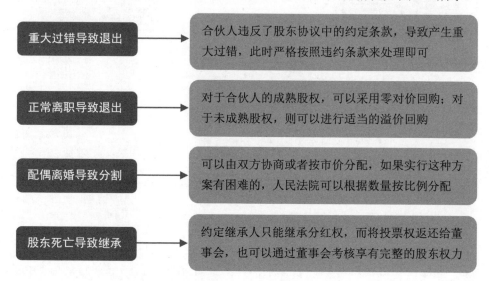

图 9-2 股权合伙人不同情况下的退出方法

9.1.4 联合创始人退出机制

如果联合创始人退出后，手中还持有公司股权，通常会让那些继续坚守创业的合伙人心理不平衡。因此，不管何种情况，针对联合创始人的股权，都需要设定从退出的联合创始人手中收回股权的成熟机制。

具体来说，我们可以这么去理解，创始人 A 和创始人 B 两人联合创建了一家公司，同时各持公司 50%的股权。起先的半年时间，两个人都非常努力地为公司打拼。但是，创始人 B 渐渐地对公司发展失去了信心，而直接离职去了一家成熟的公司担任高管。而创始人 A 则坚信公司会有好的发展，从而独自挑起公司的重担。但是，创始人 B 的股权并没有撤出，他仍然保留了 50%的公司股权。

又经过了两年的发展，公司的业务逐渐走上正轨，发展规模越来越大，而且有大公司看中了这块业务，准备开高价来并购公司。对于创始人 A 来说，辛苦的付出终于有了回报。此时，对于创始人 B 来说，虽然他早已离职，但是他拥有公司一半的股份，按理说是可以得到一半的并购价款的。

在创业过程中，类似的情况非常多，这种情况对于留守的创始人来说是非常不公平的，因此必须通过创始人股权成熟机制来解决这些问题，具体包括两方面的内容，如图 9-3 所示。

图 9-3　创始人股权成熟机制的具体内容

9.1.5　持股员工退出机制

在很多实行股权激励方案的公司里，有大量员工持有公司的股权，这种情况下，通常会在股权激励计划中约定详细的行权条件和退出机制，按照该规定执行即可。如图 9-4 所示，为某公司股权激励计划范本中的退出机制说明。

另外，对于采用干股激励的公司来说，干股股东没有登记在公司股东名册中，没有股份股权，因此不能对干股进行转让。

第 9 章
退出机制：合伙人退出机制如何规则化

第十三条　股权激励退出机制

激励对象在获得公司股份后，根据公司的服务年限来确定是由公司有偿回购、还是无偿收回、或上市后卖出。

（1）激励对象因主动离职或被解聘离开公司的，可以继续持有公司股份，亦可选择不继续持有公司股份；因犯非严重错误而被解雇离开公司的，必须按本方案规定，由公司回购股份；因重大错误导致企业严重受损、严重渎职、触犯国家刑法等，必须辞退并按本方案规定由公司收回股份。

（2）如果激励对象离开公司，按本方案规定可继续持有已行权的激励股份的，按与公司有关协议及本方案规定执行；未行权的部分自动失效。

（3）公司上市后已行权的激励股份转成可流通的股票。

第十四条　回购价格以上一年度经审计的每股账面净资产为准。

图 9-4　某公司股权激励计划范本中的退出机制说明

9.1.6　特殊情况退出机制

很多时候，公司股东可能不是自愿退出的，而是由于某些原因被迫卖出股份，如职务变更、降职、离职、考核未通过、死亡、退休等，在这些特殊情况下都需要制定相应的股权退出机制，具体方案如图 9-5 所示。

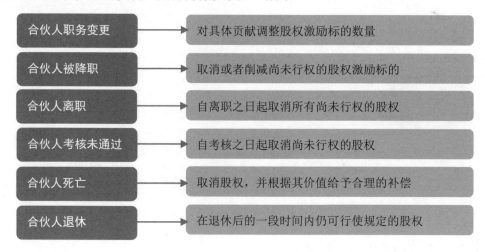

图 9-5　特殊情况下的退出机制

9.2　股东退出，六种方式

面对股东的退出，企业要及时进行补救，尽早进行下一轮融资，以保证他们的退出不会给企业带来严重的影响。但是，对于股东而言，他们的退出方式有哪些呢?下面笔者将一一进行讲解。

9.2.1 IPO退出方式

IPO退出就是企业通过上市,当投资人手中的公司股票大幅增值后,可抛售股票来获得高额的收益,是投资人非常热衷的股权退出方式。但是,IPO退出的方式也存在一定的弊端,如图9-6所示。

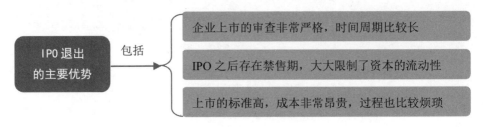

图9-6 IPO退出方式的弊端

9.2.2 并购退出方式

并购退出是指通过其他企业兼并或收购风险企业,从而使风险资本退出的方式。并购退出的主要优势如图9-7所示。

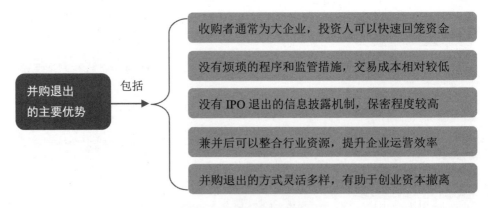

图9-7 并购退出的主要优势

9.2.3 新三板退出方式

并购退出的不足之处也非常明显,那就是收益率要远低于IPO,而且容易丧失公司控制权,同时并购的方式和时机都非常重要,需要企业谨慎对待。

新三板退出包括做市转让和协议转让两种方式,如图9-8所示,是比较适合中小企业的退出渠道。

第 9 章
退出机制：合伙人退出机制如何规则化

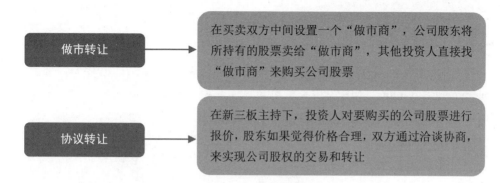

图 9-8　新三板退出的两种方式

新三板退出的主要优势如图 9-9 所示。新三板市场的主要缺点在于流动性较差，退出过程比较慢，而且退出价格也不高。

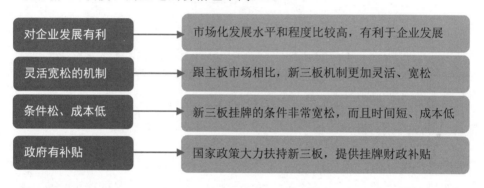

图 9-9　新三板退出的主要优势

9.2.4　借壳上市

非上市公司通过把资产注入一家市值较低的上市公司，并得到该公司一定程度的控股权，从而实现间接上市的方法，这种行为便是借壳上市，所谓的"壳"，就是指上市公司的上市资格。

借壳上市后，投资人可以通过二级市场抛售股票来实现股权退出，这种方式的主要优点如下。

(1) 时间相对较短，只要半年左右即可完成整个审批流程。
(2) 成本更低，无须付出庞大的律师费用。
(3) 保密程度高，企业无须公开各项指标。

借壳上市退出的主要缺点在于容易滋生内幕交易，同时这些高价壳资源会严重扰乱市场的估值基础，并且还会削弱现有的退市制度。

9.2.5 股权回购

股权回购是指企业的实际所有人直接收回投资人的股权,可以分为管理层收购(Management Buy-Outs,MBO)和股东回购两种方式,如图9-10所示。

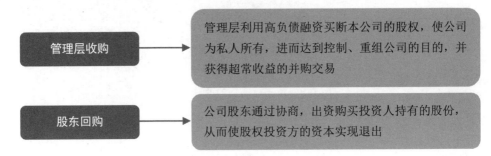

图 9-10 股权回购的两种常见方式

股权回购的优势在于投资人的收益较为稳定,而企业则可以获得更高的独立性和控制权,同时操作简单、成本低。股权回购的主要缺点在于收益率比较低,同时企业需要承受更大的现金支付压力。

9.2.6 破产清算

清算退出是针对投资失败项目的一种退出方式,包括破产清算和解散清算两种方式。如果公司创业失败且已经无法挽回,则应尽早进入清算程序来止损,尽可能多地收回部分残留资本。《中华人民共和国公司法》对于破产清算的相关规定如下。

第一百八十六条 清算程序

清算组在清理公司财产、编制资产负债表和财产清单后,应当制定清算方案,并报股东会、股东大会或者人民法院确认。公司财产在分别支付清算费用、职工的工资、社会保险费用和法定补偿金,缴纳所欠税款,清偿公司债务后的剩余财产,有限责任公司按照股东的出资比例分配,股份有限公司按照股东持有的股份比例分配。清算期间,公司存续,但不得开展与清算无关的经营活动。公司财产在未依照前款规定清偿前,不得分配给股东。

第一百八十七条 破产申请

清算组在清理公司财产、编制资产负债表和财产清单后,发现公司财产不足以清偿债务的,应当依法向人民法院申请宣告破产。公司经人民法院裁定宣告破产后,清算组应当将清算事务移交给人民法院。

第 9 章
退出机制：合伙人退出机制如何规则化

9.3 股权转让，六个要素

当创业者成功创建一家企业后，即可开始展开业务来获得利润，推动企业的发展壮大。但是在此过程中，由于企业经营或者发展的需求，除了可能有股东会退出外，还可能会产生股权转让、分立等情况。

9.3.1 股权转让流程

股权转让是指股东有权依法将自己拥有的公司全部股权或者部分股权转让给他人，使他人成为公司股东，而原股东则套现退出。

《中华人民共和国公司法》(2018 修正)对于股权转让作了如下规定。

第三章　有限责任公司的股权转让

第七十一条　股权转让

有限责任公司的股东之间可以相互转让其全部或者部分股权。股东向股东以外的人转让股权，应当经其他股东过半数同意。股东应就其股权转让事项书面通知其他股东征求同意，其他股东自接到书面通知之日起满三十日未答复的，视为同意转让。其他股东半数以上不同意转让的，不同意的股东应当购买该转让的股权；不购买的，视为同意转让。

经股东同意转让的股权，在同等条件下，其他股东有优先购买权。两个以上股东主张行使优先购买权的，协商确定各自的购买比例；协商不成的，按照转让时各自的出资比例行使优先购买权。公司章程对股权转让另有规定的，从其规定。

第七十二条　优先购买权

人民法院依照法律规定的强制执行程序转让股东的股权时，应当通知公司及全体股东，其他股东在同等条件下有优先购买权。其他股东自人民法院通知之日起满二十日不行使优先购买权的，视为放弃优先购买权。

第七十三条 股权转让的变更记载

依照本法第七十一条、第七十二条转让股权后，公司应当注销原股东的出资证明书，向新股东签发出资证明书，并相应地修改公司章程和股东名册中有关股东及其出资额的记载。对公司章程的该项修改不需再由股东会表决。

第五章　股份有限公司的股份发行和转让

第一百三十七条　股份转让

股东持有的股份可以依法转让。

第一百三十八条　股份转让的场所

股东转让其股份，应当在依法设立的证券交易场所进行或者按照国务院规定的其他方式进行。

股权转让的基本事项主要包括工商变更、国税变更和地税变更三个环节。

1. 工商变更

工商变更的受理部门包括国家、省、市或区工商局，转让人需要填写工商局规定的各种相关的格式文本表格，包括《公司变更登记申请书》《有限责任公司变更登记附表——股东出资信息》《指定代表或者共同委托代理人的证明》(都需要由股东加盖公章或签字)，递交材料后由工商局备案。

2. 国税变更

公司变更法人后，要到税务局进行变更税务登记。

国税变更所需资料包括《变更税务登记表》、营业执照副本、《税务登记证》《增值税一般纳税人资格证书》、法定代表人居民身份证、变更决议等。

3. 地税变更

地税变更所需资料包括《变更税务登记表》、工商营业执照等，准备好这些资料后去所属税务局办理即可。

外资股权转让还需要去对外经济贸易合作局办理外汇变更手续，一些股权转让协议还会涉及主管部门的批准，如国有股权或外资企业股权转让等。

9.3.2 股权转让盈利

原股东将持有的股权转让后，还可以根据具体情况，申请获取他在持股的时间内公司盈利的分红权，具体情况如图9-11所示。

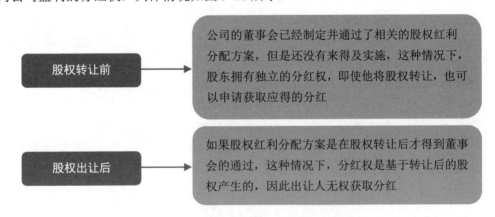

图9-11 股权转让能否获取分红的不同情况

另外，如果在股权转让协议中对于原股东持股期间的分红权作了特别约定，那么遵循该约定来分配即可。

第 9 章
退出机制：合伙人退出机制如何规则化

9.3.3 转让协议与手续

在公司股权转让过程中，我们一定要仔细阅读协议，走正规程序，以免日后引起不必要的纠纷。

1. 转让协议

股权转让协议通常包括以下内容。

(1) **定义与释义**：相关词汇的具体含义解释说明。

(2) **股权转让**：股权转让的份额、价格和股权比例，相关条款范本如图 9-12 所示；股权转让的支付方式、交割期限及方式。

> 2.1 股权转让
>
> (a) 根据本协议的规定，B 同意将其持有的注册资本 XX 万元（占注册资本的 XX%）转让予投资人，投资人为此应向 B 支付的价款为人民币 XX 万元（"转让价款"）。针对该股权转让交易，现有股东同意放弃其具有的优先认购权。
>
> (b) 除非另有书面约定，截至成交日的未分配利润由成交日后的全体股东按照其届时各自在其中的持股比例享有。
>
> 2.2 股权比例
>
> 在根据股权转让协议完成股权转让后，投资人应共计持有人民币 XX 万元的注册资本，其中的持股比例为 XX%。在成交完成后的股权结构如下：
>
> | 股东 | 注册资本（万元） | 所占比例% |
> |---|---|---|
> | Xx | X | X |
> | B | X | X |
> | XX | | X |
> | | X | XX |
> | 合计 | X | 100.00% |

图 9-12 股权转让条款范本

(3) **先决条件**：投资人支付股权转让价款的义务取决的条件。

(4) **成交及相关事项**：成交时间、成交行动、工商登记变更、权利起始。

(5) **陈述与保证**：出让人的陈述与保证、投资人的保证。

(6) **约定与承诺**：业务经营、排他性、尽职调查、特殊事项通知、竞业禁止等协定。

(7) **生效与终止**：生效时间、提前终止行为、终止效力时间。

(8) **赔偿**：投资人的赔偿、索赔通知、涉及第三方的事项。

(9) 其他条款：费用说明、修订与弃权、准据法、争议解决方案、保密约定、可分割协议、转让约定。

2．转让手续

根据相关法律法规的规定，股权转让一般要经过以下手续。

(1) 受让方股东会：充分研究出让人股权的特点，分析是否具备收购的可行性，同时进行尽职调查。

(2) 协商谈判：受让人实地考察，并且与出让人进行谈判，评估股权价值，并出具验资报告。

(3) 签订协议：出让人与受让人签订股权转让协议，约定相关的转让事宜，并且双方在协议上签字盖章。

(4) 召开老股东会：通过股东会决议，免去股权出让人的相关职务，按照原来公司章程的规定执行股东会的表决比例和表决方式，参与会议的所有股东在《股东会决议》上签字盖章。

(5) 召开新股东会：通过股东会决议，任命股权受让人的相关职务，商讨新的公司章程，按照规定执行股东会的表决比例和表决方式，参与会议的所有股东在《股东会决议》上签字盖章。

(6) 股权变更登记：在规定时间内向税务部门缴纳税款，同时前往工商局提交相关文件(《股权转让协议》《股东会决议》、新《公司章程》等)，办理股权变更登记手续。

3．注意事项

股权流转行为的效力状态包括三种情况：是否成立、是否有效、是否生效。当然这些效力状态还有一个前提，那就是转让协议本身是有效的，否则得不到法律的支持。在股权流转过程中，影响效力的因素主要包括以下几种，如图 9-13 所示。

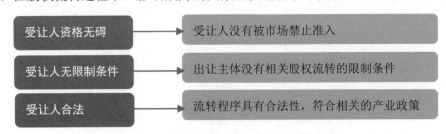

图 9-13　影响股权流转效力的因素

下面是《中华人民共和国公司法》(2018 修正)中对记名股票、无记名股票的转让以及特定持有人的股份转让作出的相关规定。

第一百三十九条　记名股票的转让

记名股票，由股东以背书方式或者法律、行政法规规定的其他方式转让；转让后由公司将受让人的姓名或者名称及住所记载于股东名册。股东大会召开前二十日内或者公司决定分配股利的基准日前五日内,不得进行前款规定的股东名册的变更登记。但是,法律对上市公司股东名册变更登记另有规定的,从其规定。

第一百四十条　无记名股票的转让

无记名股票的转让,由股东将该股票交付给受让人后即发生转让的效力。

第一百四十一条　特定持有人的股份转让

发起人持有的本公司股份,自公司成立之日起一年内不得转让。公司公开发行股份前已发行的股份,自公司股票在证券交易所上市交易之日起一年内不得转让。公司董事、监事、高级管理人员应当向公司申报所持有的本公司的股份及其变动情况,在任职期间每年转让的股份不得超过其所持有本公司股份总数的百分之二十五;所持本公司股份自公司股票上市交易之日起一年内不得转让。上述人员离职后半年内,不得转让其所持有的本公司股份。公司章程可以对公司董事、监事、高级管理人员转让其所持有的本公司股份作出其他限制性规定。

9.3.4　需要缴纳税款

根据财税〔2002〕191号《财政部、国家税务总局关于股权转让有关营业税问题的通知》的规定,股权转让不征收营业税,但需要缴纳相关的所得税和印花税,具体缴纳额度如图9-14所示。

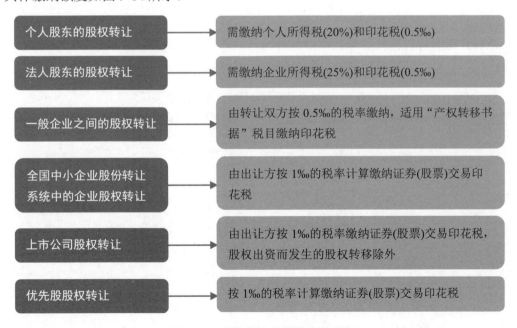

图9-14　股权转让交税的基本规定

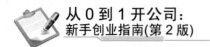

9.3.5 变更公司登记

《中华人民共和国公司登记管理条例》第三十一条规定,当企业股东发生变更后,必须在 30 日内前往工商部门办理变更登记。

第三十一条 公司增加注册资本的,应当自变更决议或者决定作出之日起 30 日内申请变更登记。

公司减少注册资本的,应当自公告之日起 45 日后申请变更登记,并应当提交公司在报纸上登载公司减少注册资本公告的有关证明和公司债务清偿或者债务担保情况的说明。

不过,股权转让属于非营业执照登记事项,因此即使变更登记也不代表股权转让协议的生效,而是以股东会决议通过时生效为准。

《中华人民共和国公司法》第七条规定:公司营业执照应当载明公司的名称、住所、注册资本、经营范围、法定代表人姓名等事项。公司营业执照记载的事项发生变更的,公司应当依法办理变更登记,由公司登记机关换发营业执照。

9.3.6 其他情况下的股权转让

实际转让股权时我们会遇到各种各样的情况,大概总结了以下四种情况,供创业者参考。

1. 公司吊销营业执照

当公司因为各种原因导致营业执照被吊销后,此时股东手中的股权该如何进行转让呢?下面介绍具体的步骤,如表 9-1 所示。

表 9-1 公司吊销营业执照如何转让股权

步骤	详情
创业者填写相关表格	前往工商局领取《公司变更登记申请表》,填写后加盖公章
办理变更营业执照手续	需要公司章程修正案、股东会决议、股权转让协议、公司营业执照正副本原件等资料,前往工商局办证大厅办理
办理机构代码证变更手续	需要公司变更通知书、营业执照副本复印件、企业法人身份证复印件、旧代码证原件等资料,前往质量技术监督局办理
办理税务登记证变更手续	需要税务变更通知单等资料,前往税务局办理
办理银行信息变更手续	需银行变更通知单等资料,前往开户银行办理

《中华人民共和国公司法》规定,公司被吊销营业执照后,禁止从事一切经营活动。但是,相关法律并未规定被吊销营业执照的公司不能进行股权变更。

2. 股权收购

股权收购(Share Acquisition)是指以目标公司股东的全部或部分股权为收购标的的收购行为。在收购公司股权时，需要按照法律规定的方式来进行，这样才能正确获得公司股权。公司股权收购的具体方式包括以下四种，如图9-15所示。

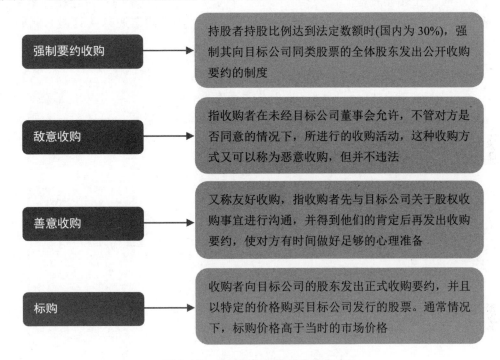

图9-15 公司股权收购的具体方式

3. 隐名股东

隐名股东是指一些实际出资的投资人，他们为了规避法律法规、利用政策、避开有可能涉及的复杂烦琐的手续、避免公开个人信息或者其他商业考量等原因，借用他人的名义来投资公司或者直接成立公司，同时将公司章程、股东名册和工商登记中的股东都记载为他人。在《公司法解释(三)》中可以看到，实际投资人其实就是隐名股东，而名义股东则是名义出资人。

《公司法解释(三)》第二十五条

名义股东将登记于其名下的股权转让、质押或者以其他方式处分，实际出资人以其对于股权享有实际权利为由，请求认定处分股权行为无效的，人民法院可以参照《物权法》第一百零六条的规定处理。

名义股东处分股权造成实际出资人损失，实际出资人请求名义股东承担赔偿责任的，人民法院应予支持。

《中华人民共和国物权法》第一百零六条

无处分权人将不动产或者动产转让给受让人的，所有权人有权追回。

受让人依照前款规定取得不动产或者动产的所有权的，原所有权人有权向无处分权人请求赔偿损失。

隐名股东在转让股权时，必须有第三人明确知晓隐名股东的身份存在，名义股东应当知晓该转让事实并没有提出反对意见，同时协助隐名股东签订股权转让协议，另外还需要企业中超过半数以上的股东同意才行。

4．交叉持股

子公司虽然在法律上可以独立于母公司而存在，但母公司持有其全部或部分股权，对其可以进行间接控制。如果子公司反过来也想要持有母公司的股权，则属于交叉持股的形式，这种行为相关法律法规并没有作出明确的限制规定，因此在理论上是可行的。交叉持股的主要特征如图9-16所示。

图9-16 交叉持股的主要特征

采用交叉持股的方式时，注意不能破坏原有的从属关系，否则会严重影响公司的经营管理和重大决策，拖累公司发展的速度。

第 10 章

谈判准备：拟定一份优秀的商业计划书

学前提示

优质的商业计划书是企业成功获得融资的敲门砖。商业计划书是企业创始人为了达到招商融资和其他发展目标而制作的一份全方位的项目计划书，从而让创始人成功地实现融资。本章主要介绍股权融资商业计划书的撰写技巧，帮助企业或项目顺利获得投资人的资金。

要点展示

- 优秀结构，五个要点
- 优秀内容，七个关键

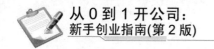

10.1 优秀结构，五个要点

商业计划书的本质就是一份书面材料，核心内容主要围绕需要进行股权融资的项目进行。商业计划书的提供方包括公司、企业或项目单位，受众方则包括潜在投资人、企业债券人和合伙人，主要是通过文字、图片等内容全方位地展示公司或项目的现状、未来潜力等。

商业计划书中的内容都是投资人感兴趣的东西，是企业浓缩的精华部分，可以反映出企业的全部面貌。同时，商业计划书能够帮助投资人了解项目商业运作计划，并且对项目产生投资意向。

商业计划书的基本要点主要分为10个方面的内容，包括项目概要、公司介绍、资金估算、项目效益、项目介绍、项目管理、发展战略、市场分析、项目分析以及风险分析。

对于投资人而言，商业计划书的意义直接体现在，这份计划书是否值得投资人与创业者进行进一步的协商与合作。投资人通过阅读商业计划书，了解项目内容、公司团队、营销策略、财务计划等方面，才能知道这份计划书是否符合投资人的需求。商业计划书要想打动投资人，必须提供投资人最感兴趣的内容，尤其是直接影响投资人未来投资效益的信息。

(1) 你是谁？关于企业或者团队的相关内容，也是投资人首先关注的信息。
(2) 做什么？产品或者服务的直接价值，是否值得投资人投资。
(3) 怎么做？计划书中展示创业者是否有执行能力和对项目成功的把握。

在商业计划书的内容中，由三大要点延伸的内容也是投资人重视的，具体包括产品或服务的细节、创业者敢竞争的意识、深入分析和了解市场、完整的行动方针计划、强有力的管理团队、与筹资相关的摘要、详细的财务计划、妥当的退出方式。

10.1.1 应该具备的要素

企业能否获得投资人的青睐，能否拉得到投资，还得看其商业计划书是否合理，能不能通过相关风险评测机构的评估审核。万事开头难，对于初创公司或企业而言，撰写一份优秀的商业计划书不是简简单单的事情，它需要撰写者有明确清晰的思路、俯瞰全局的能力。但是，优秀的商业计划书也不是没有共同点或规律可循的，笔者大概总结了优秀商业计划书应该具备的八个要素，分别是概要、市场分析、公司简介、组织管理、营销管理、产品服务、融资需求和附录。

第 10 章
谈判准备：拟定一份优秀的商业计划书

1. 概要

写文章讲究"凤头猪肚豹尾"，而概要就是"凤头"，它是商业计划书的第一个部分，同时也是最重要的部分。但是在实际撰写过程中，我们一般在商业计划书正文写完之后才去写概要，因为只有写完商业计划书才能更好地理解其主要内容，才能更好地将商业计划书的主要结构和思想总结到概要里。

2. 市场分析

优秀商业计划书的第二个部分是市场分析，主要叙述自己公司所处的行业领域。它主要包括以下五个部分。

(1) 公司所处行业概述。
(2) 确定公司市场目标。
(3) 市场测试。
(4) 投产准备阶段。
(5) 竞争对手分析。

关于竞争对手分析，我们要实事求是，分析竞争对手的不足之处，初创公司可以从以下几点来分析竞争对手的不足之处。

(1) 竞争对手能否满足市场需求。
(2) 竞争对手渗透能力如何。
(3) 竞争对手掌握了多少资源。
(4) 竞争对手对员工管理制度。

3. 公司简介

优秀商业计划书的第三个部分是公司简介，它主要包括以下几个部分，如图 10-1 所示。

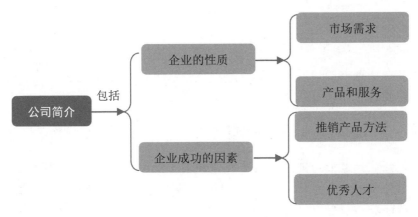

图 10-1　公司简介的内容

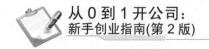

4. 组织管理

优秀商业计划书的第四个部分是组织管理,其中包括:公司组织机构、公司所有权、管理团队和董事会。

对于一个初创公司而言,要想公司走得更长远,往往和创业团队的能力有关,因此在商业计划书里我们应该介绍创业团队的创业背景,让投资人对创业团队和初创公司投资满怀希望。

5. 营销管理

优秀商业计划书的第五个部分是营销管理,对于一家企业来说,营销是它成长的动力,其中主要营销策略如下。

(1) 市场渗透策略。

(2) 发展策略。

(3) 销售渠道策略。

(4) 沟通策略。

6. 产品服务

优秀商业计划书的第六个部分是产品服务。在一份优秀的商业计划书中,只有翔实地描述公司项目服务和产品,才能吸引潜在的投资人。

7. 融资需求

优秀商业计划书的第七个部分是融资需求。这个部分是商业计划书的核心部分,也是投资者最关心的部分,创业者在计划书中应该写明启动项目所需资金。在融资需求中,应该写明以下要点。

(1) 公司未来五年之内的融资需求。

(2) 融资后资金使用方案。

(3) 影响资金使用的财务策略。

8. 附录

优秀商业计划书的最后一个部分是附录,创业者可以把自己不想表现但是部分投资者又需要的内容放在附录里。

10.1.2 重视商业计划书框架

融资是商业计划书的创作者通过各种方式,在金融市场中获得资金的行为与过程。对于创业型的企业而言,没有资金的支持,即使拥有优秀的项目,也很难快速实现盈利目标。

各个项目或企业的商业计划书虽然表面上千差万别,但本质上的基本结构却是一样的,主要包括摘要、主体和附录三个部分,如图 10-2 所示。

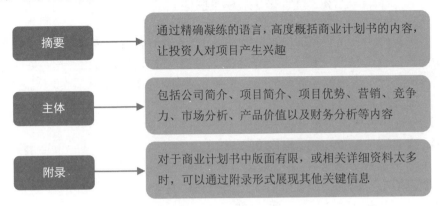

图 10-2　商业计划书的基本结构

10.1.3　分析独特性与形势

获得风险投资是商业计划书的主要目标,作为融资模式的一种,风险投资在具体运作上存在一定的独特性。要了解商业计划书的制作,首先需要对风险投资有一定的认识。如图 10-3 所示,为风险投资的运作独特性分析。

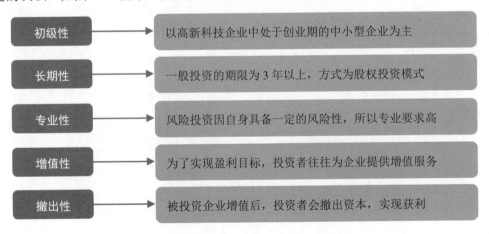

图 10-3　风险投资的运作独特性分析

风险投资的具体过程有实际的流程步骤,主要分为五个方面。

(1) 第一步:寻找投资机会。方法:自荐、被推荐等。
(2) 第二步:进行初步筛选。方法:选择部分精品项目考察。
(3) 第三步:达成调查评估。方法:进行广泛、深入的调查。
(4) 第四步:协商投资条件。方法:对关键投资条件达成共识。
(5) 第五步:签署投资文件。方法:最终交易文件让投资生效。

10.1.4 用引言透露融资核心思想

引言是投资人首先看到的内容,可以用 1~2 页的引言来传递项目融资的核心思想,如深刻痛点、炫酷功能、高远情怀等。引言就像是大片的预告片,创作者可以在这里营造悬念,快速抓住观者的心。其基本原则如下。

(1) 浓缩精华信息,快速传达信息。

(2) 展现核心内容,提升读者兴趣。

(3) 摘要信息全面,展示整体信息。

为了便于阅读者快速地获得相关信息,商业计划书的引言一般控制在两页以内,主要包括公司概述、研究开发、产品服务、团队情况、行业市场、营销策略、资金说明以及退出机制这八个方面的内容。

10.1.5 图文并茂吸引投资者眼球

在商业计划书中,内容是不可缺少的,除了内容之外,图文并茂的表现形式也十分重要,但必须以清爽简洁为基本原则。

1. 文字信息

精炼表达是最基本的要求,相关示例如图 10-4 所示。在精炼表达的具体运用中,最常见的技巧就是用一句话作为单独的段落,突出展现的内容。在商业计划书中,为吸引投资人的注意力,可以通过对文字加工的方式进行内容上的强调与突出。

图 10-4 精炼的文字内容

2. 图片信息

图片有多种格式,但作用较为统一,在商业计划书中主要是增加计划书内容的真实性。数据图表是商业计划书常用的形式之一,其作用是使数据进行各个项目之间的比较,在形态上分为垂直条形图和水平条形图。如图 10-5 所示,为使用图文并茂的排版方式的商业计划书示例。

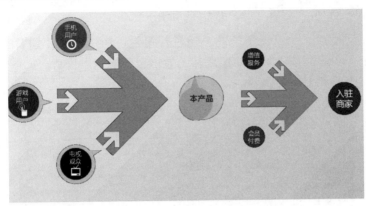

图 10-5　图文并茂的排版方式

另外，创作者也可以用表格的直接表现形式，按照需要说明的内容项目来分类，画成格子，分别填入文字或数字信息，以便进行统计，或让别人查看内容。表格在商业计划书中的运用十分广泛，甚至可以直接采用全表格的方式来完成整个商业计划书的创作。

10.2　优秀内容，七个关键

一份优秀的商业计划往往需要具备以下内容：市场调研、项目优势、营销策略、团队介绍、融资计划、权威数据、退出途径。

10.2.1　最能打动投资人的市场调研

市场调研是商业计划书中打动投资人的重要内容，产品或项目是否有市场，可以直接由市场调研的内容表现出来。为获取即时的市场信息，需要深入社会市场进行调研，进行实地调查研究，制定出切实可行的计划书，写出有价值的调研报告，这是市场调研报告的基本创作过程。

市场调研报告主要有以下三个特点。

(1) 事实性特点：通过调查获得真实信息，并用这种真实信息来阐明观点。

(2) 议论性特点：需要将调研信息进行综合分析，从而提炼出个人观点。

(3) 简洁性特点：文字信息必须十分简洁，重要内容必须直接突出。

调研报告的语言不一定是十分严肃的，也可以是生动活泼的，但是必须是符合群众性的生动而形象的语言，尽量少用网络语言或文字。在写作过程中需要注意使用一些浅显生动的比喻，目的是通过形象生动的方式来说服阅读对象接受道理。

10.2.2 体现项目的相关优势

投资人不可能对一个毫无了解的公司进行投资,所以商业计划书的第一部分往往就是介绍公司和产品或者项目的信息,凸显出自己的竞争优势。如图 10-6 所示,为商业计划书中的竞争优势内容。

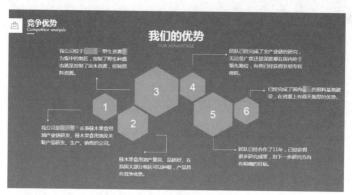

图 10-6　竞争优势内容示例

对于投资人而言,在第一时间除了了解企业的基本信息之外,还会了解企业能提供什么样的产品与服务,以及这些产品与服务是否能解决消费者的现实生活问题,从而分析产品与服务的潜在价值。直接展示项目的信息并不一定能够打动投资人,但如果在商业计划书中能够体现出一定的项目竞争力,那么投资人会更加认可该项目。

真正写好一份商业计划书并不简单,尤其是项目进展的部分,需要详细列明项目的优势、实施计划和进度,同时注明起止时间,让投资人看到项目的可行性。如图 10-7 所示,为某项目商业计划书中的项目优势内容。

图 10-7　项目优势示例

在商业计划书中，风险问题是务必要详细说明的部分，这也是为了防止计划落实后因为风险问题而使双方产生纠纷。风险因素是指能够使项目或计划产生意外风险损失的因素，往往是造成财产损失的直接原因或间接原因。风险因素越多，能够产生损失的可能性越大，同时导致的后果会越严重。

如图 10-8 所示，为某项目商业计划书中的项目进度内容。

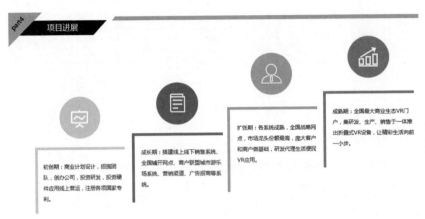

图 10-8　项目进展示例

10.2.3　推出合理的营销策略

在市场经济条件下，盈利模式普遍被认为是企业或团队整合已有资源及合作者的资源，从而打造的一种实现利润、获得利润、分配利润的商业架构。商业计划书中盈利模式的写作技巧具体分析如下。

1．建立盈利模式的维度

对于商业计划书的创作者而言，如果对于公司或团队的盈利模式并没有深刻的认识，就可以从建立盈利模式的多个维度逐步进行分析，并根据实际情况创作出相关内容。

2．项目的商业模式展示

商业模式就是利益相关者之间的交易模式，包括客户细分、价值主张、渠道通路、客户关系、收入来源、核心资源、关键业务、重要伙伴以及成本结构等内容，相关示例如图 10-9 所示。

3．企业的发展计划展示

发展计划往往是企业能够打造成功盈利模式的基础条件，没有长期的发展计划展示，盈利模式就属于空穴来风。

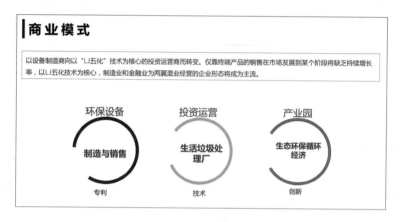

图 10-9　商业模式示例

4．项目的盈利模式展示

企业的盈利模式以企业的发展计划为基础，具体盈利内容根据企业类型的不同而不同。

10.2.4　展现具有战斗力的团队

商业无论计划书做得多么优秀，最终的实践者依旧是团队的人员，团队信息是投资人必须重视的内容。团队人员就是商业计划书的提交者，往往是由创业者组成，也有部分团队人员来自成熟的企业。对于投资人而言，团队人员的价值甚至比商业计划书本身的价值还要高，因为人才始终是投资人最为看重的。

一个优秀的团队，是可以合理利用每一个成员的能力与技能来进行工作的。团队的作用表现在这三个方面：协同工作、解决问题、达到共同的目标。在团队中，人才的互补优势直接建立在不同人才的能力水平和能力方向上。

其中，创业团队内人才主要有八种类型。

(1) 创新型人才。
(2) 信息型人才。
(3) 管理型人才。
(4) 实干型人才。
(5) 协调型人才。
(6) 监督型人才。
(7) 细节型人才。
(8) 凝聚型人才。

团队内的人员不一定同时具备这八种类型，但无论人才的类型属于哪种，人才之间的优点、缺点等方面进行互补促进，共同达成最终目标才是最为重要的。

10.2.5 制订缜密周全的融资计划

在股权融资商业计划书中,一定要将股权结构和融资规划讲清楚,这样做不仅有助于展现创始人的风险控制能力,而且能够提高融资的成功率。

1. 股权结构

股权结构会对企业组织结构产生直接影响,需要保证合理的创始人占股比例。在撰写商业计划书时需要注意以下几点。

(1) 合理的利益结构,以及考虑贡献的正相关因素。

(2) 股权结构如果不合理,尽量在融资前进行合理调整。

(3) 将前面几轮融资信息说清楚,包括出资方、具体金额和出让股权等情况。

2. 融资规划

商业计划书中需要介绍融资的具体数额、融资的方式和详细使用规划等,让投资人知道创业者需要多少钱,会出让多少股权,以及后续对这些资金的安排,相关示例如图10-10所示。

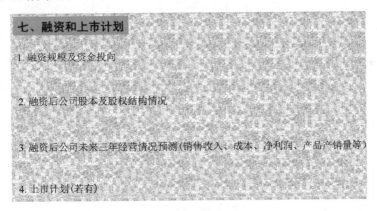

图10-10 融资计划示例

10.2.6 摆出具有说服力的权威数据

在商业计划书中,数据的作用是不容小觑的,尤其是计划书中数字所代表的真实意义。在商业计划书中,数字是十分常见的,其与词语的重要性等同,这能够准确地展示公司的实力和产品的优势,吸引投资人眼球。从根本意义上而言,数字就是让投资者相信商业计划书的相关内容是以某些事实作为依据的。

在商业计划书中,数字的价值首先体现在吸引投资人的注意力方面。与文字相比,数字的形态、意义都更容易被投资人关注到,所以善于运用数字能够提升商业计划书的成功率，如图10-11所示。

除了吸引投资人的注意力之外，在数字的价值方面还有一个重要作用，就是数字直接证明了商业计划书内容的现实基础，能够说明相关数字并不是凭空而来的，从而得到投资人的进一步认可。

在商业计划书的盈利模式方面，没有数字的支持就属于空口无凭。必须有严格逻辑关系的与盈利模式相关的数字计算，才能让投资人清楚地认识到其投资的盈利程度和可能性。

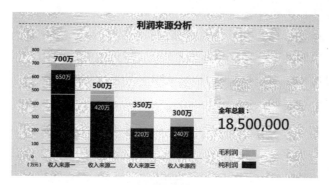

图 10-11　运用数据展现亮点

10.2.7　指明投资人的退出途径

对于投资人而言，通过投资获得利润是其主要的目标，而商业计划书中完善的确保其能盈利的退出途径，是促使投资人投资的重要原因。在商业计划书中，创作者必须对风投资金的使用和后期资金的退出措施进行详细说明，以便投资人能够快速、清晰地了解自身的收益情况。

在商业计划书中，退出措施的内容主要包括两个方面，分别是从企业的自身条件出发，展示项目失败时的退出机制和项目成功时的退出机制。

1. 项目失败的退出措施

以资本保本为目标的内容展示为主，通过细节内容向投资人展示项目失败之后的损失，同时资本损失越小越好。

2. 项目成功的退出措施

以上市、并购、回购这三种退出措施的内容说明为主，向投资人展示项目成功之后的具体预定收益。

除了按照条款顺序对退出方式进行说明之外，商业计划书的创作者还可以结合公司的实际情况，通过回报率和回报方式分别进行说明。

第 11 章

融资有道：驾驭资本让自己的公司腾飞

学前提示

现代社会中，资本的力量越来越大，可以帮助企业快速做大做强。因此，融资成为创业的必修功课，而股权融资是所有融资手段中最受欢迎的方式。本章主要介绍了股权融资的基本内容和具体的融资方式等内容，详细分析了股权融资的具体解决方案。

要点展示

- 股权融资，三个要点
- 更多融资，六个技巧

11.1 股权融资，三个要点

目前，银行仍然是我国金融体系的主导方式，经济发展的资金来源主要包括银行、债权和股权三种，如图 11-1 所示。

图 11-1 经济发展的资金来源

其中，债权和股权是大部分民营企业融资的主要渠道。

1. 债权融资

债权融资即企业通过借贷的方式来获取资金，企业需要承担利息，到期后还需归还本金。

2. 股权融资

股权融资即股东让出部分企业股权，其他投资人出资购入股权，使总股本增加，企业通过增资的方式吸收新的股东，并共同分享企业的盈利，以及共同承担责任风险。下面通过一个案例来说明股权融资的具体概念。

创始人 A 出资 30 万元，持有 60%的股份；创始人 B 出资 20 万元，持有 40%的股份。两人一起创立公司，该公司总价值为 50 万元。

一年后，扩大公司规模，投资人 C 出资 20 万元，持有 20%的股份，创始人 A 持有 48%的股份，创始人 B 持有 32%的股份，企业评估价值达到 100 万元。

11.1.1 股权融资利弊

通过股权融资的方式，可以让新的投资人参与到企业中，与老股东共同分享企业的盈利与增长，而且企业还不用还本付息，没有经营压力。

1. 股权融资的优势

下面从上市公司和非上市公司两个不同的角度，来分析股权融资的主要优势，如图 11-2 所示。

第 11 章
融资有道：驾驭资本让自己的公司腾飞

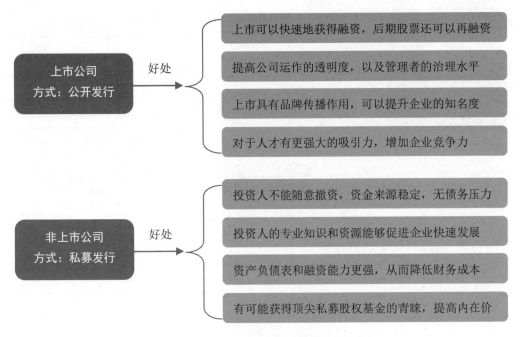

图 11-2 股权融资的主要优势

2. 股权融资的缺点

对于在公开市场发售股票的上市公司来说，也存在以下缺点。

1) 增加维护成本
- 需要设立独立董事、独立监事等，增加管理成本。
- 会产生更多广告费、审计费和薪酬等，增加营运成本。

2) 增加管理压力

企业一旦业绩不佳，或者经营不善，都会导致股价下跌，甚至有退市风险。

3) 影响股东决策

上市后股东人数增多，约束力会更大，重大经营决策的效率也会降低。

4) 公司透明度提高

上市公司有信息披露制度，公司信息透明度非常高，容易暴露商业机密。

对于以私募方式进行股权融资的企业来说，其主要缺点如图 11-3 所示。

5) 失去话语权

在决策权、投票权等方面，初创企业很容易被控股方夺走很多权力，导致公司日后的发展与创始人的初心和目标不同。

因此，在进行股权融资的过程中，企业一定要善于扬长避短，做好万全的准备，充分发挥股权融资的优势价值，并避免这些不足之处。

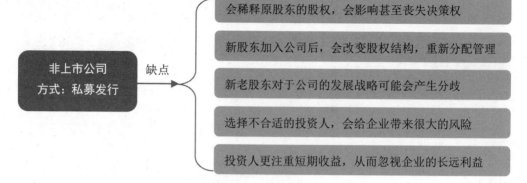

图 11-3 私募发行的股权融资方式的主要缺点

11.1.2 股权融资条款

股权融资想要获得成功，还需要制定一系列的核心协议条款，来规范和保证股权融资的正常执行，具体条款如图 11-4 所示。

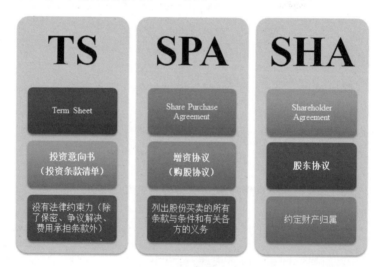

图 11-4 股权融资的案例

其中，TS 关键性条款又包括排他条款、股权回购、保密条款、融资价格、公司治理、反稀释办法、关键人限制和保护性条款、强制随授权、优先清算权等内容，相关范本内容如图 11-5 所示。

第 11 章
融资有道：驾驭资本让自己的公司腾飞

排他条款：	自签署之日起至　　年　月　　日止，收购方就该部分的投资具有排他权。公司及现有股东在与投资方的合作过程中，不能够单方面与其他投资机构就该部分的投资另行谈判或订立投资协议或类似协议。如双方以书面形式终止本备忘录的执行，本排他性条款亦自动终止。如双方同意，本排他性条款可延期。出让方在本备忘录签署之日前就该部分投资已经签署的投资意向、投资协议或类似协议的，不构成对本排他协议的违反，但出让方承诺在本备忘录排他期限内中止与他方的磋商、接洽、谈判等。
配合尽职调查：	公司和公司的任何其他代理人将与收购方和其顾问，就收购方对于公司和业务的尽职调查，进行合作。现有股东将促使公司向收购方和收购方代表及时、准确、完整地提供有关公司（如有）和业务的账册、记录、合同和其他任何资讯和数据。
费用：	1. 各方各自自行承担其委托的专业顾问费用。 2. 如果交易未能完成是由于任何一方恶意不合作，则提议一方应承担另一方的所有合理费用。
保密：	本条款书的内容及公司披露的信息严格保密，未经双方签署书面同意，收购方，公司、现有股东以及他们各自的关联方不得向任何人披露本次交易的内容。此外，未经收购方签署书面同意，公司和现有股东不得以任何方式或格式（包括链接网址、新闻发布等）使用收购方的名称。
其他：	除了保密条款、排他条款，配合尽职调查，费用和保证金外，本投资条款的各项条款在投资正式法律文件签署之前不具有法律约束力，双方均可另行协商与此不一致的条款内容。任何一方违反前述保密条款、排他条款，应赔偿守约方因此遭受的所有损失。 收购方有权将本协议交与指定的第三方签署正式投资协议。

图 11-5　TS 条款范本

11.1.3　股权融资方式

股权融资主要有 10 种方式：股权质押融资、股权出让融资、股权增资扩股融资、私募股权融资、天使投资、股权众筹、风险投资、FA 股权融资、新三板融资、IPO 上市融资。

1．股权质押融资

股权质押融资就是指投资人将其所拥有的股权作为质押标的物进行融资，这种方式的主要优势是融资成本更低，同时还可以充分发挥股权价值。如图 11-6 所示，为股权质押融资的主要途径。

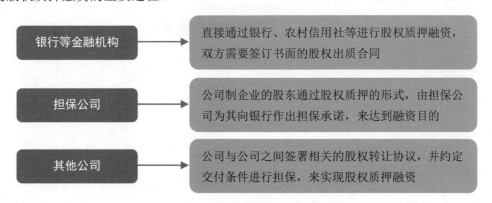

图 11-6　股权质押融资的主要途径

中小企业过去主要的融资方式是债权融资，即通过抵押实物资产来获得银行贷款。但是，很多中小企业的不动产并不多，获得的资金非常有限，因此股权质押融资开始流行起来，企业只需要将自己的静态股权进行质押，即可获得流动资金，是一种非常理想的融资方式。

在质押股权时，企业实际上是将其股票的所有权质押给投资人，但保留与股票相关的其他权利，如投票权。股权质押融资协议的基本原则是互利、平等、诚实、自愿，理想的范本条款如图 11-7 所示。

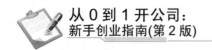

图 11-7　股权质押融资协议范本

2．股权出让融资

股权出让融资又称为股权交易增值融资，是指企业通过出让部分股权来筹集资金，其分类如下。

按照出让股权的价格和其账面价格的关系，可以分为三种类型。

(1) 溢价出让股权。

(2) 平价出让股权。

(3) 折价出让股权。

按照出让股权所占比例，可以分为三种类型。

(1) 出让企业全部股权。

(2) 出让企业大部分股权。

(3) 出让企业少部分股权。

股权出让融资方式会严重影响企业的股权结构、决策权、发展战略和收益方式等，如图 11-8 所示。

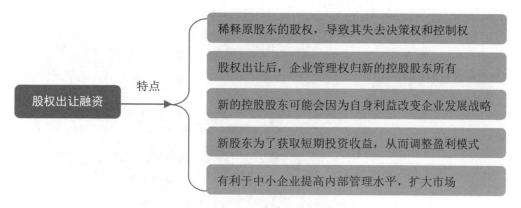

图 11-8　股权出让融资方式的特点

对于中小企业来说，股权出让融资更多的是为了吸引新的优秀合伙人和直接投资，因此选择投资人时要非常谨慎，避免让自己陷入被动局面。如图 11-9 所示，为股权出让融资的主要途径。

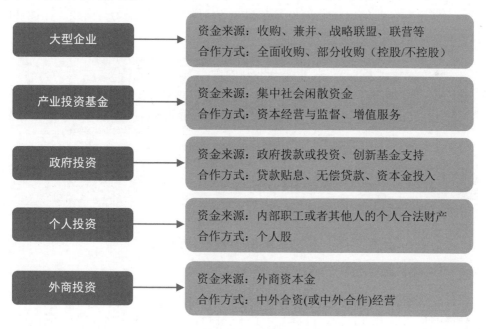

图 11-9　股权出让融资的主要途径

3．股权增资扩股融资

股权增资扩股融资简称增资扩股，也可以称为股权增量融资，即通过增加股本总量进行融资。股权增资扩股融资获得的资金属于企业自有的资本，不需要还本付息，而且财务风险也非常低，很受各类企业欢迎。根据不同的资金来源方式，股权增资扩股融资又可以分为下面两种方式，如图 11-10 所示。

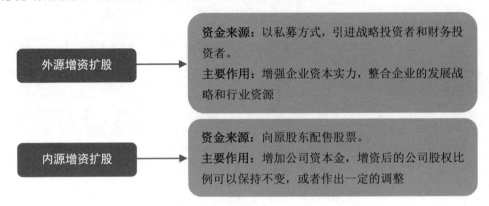

图 11-10　股权增资扩股融资的两种方式

股权增资扩股融资可以帮助企业实现产权明晰的改组目的，调整企业的股权结构，在股东之间建立很好的制约机制。下面以一个案例进行说明，通过邀请出资的方式来改变原有企业的出资比例，从 5:3:2 的股权比例改变为 4:4:2，如图 11-11 所示。

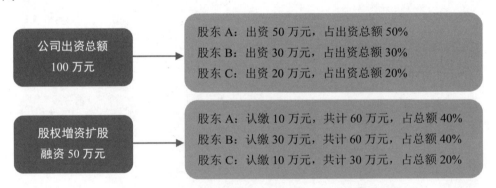

图 11-11　通过股权增资扩股融资改变企业股权结构

4．私募股权融资

私募股权融资(Private Equity，PE)主要是非上市公司通过股权转让和增资扩股等方式来帮助企业引进新的特定投资者，其主要流程如表 11-1 所示。私募股权融资的手续非常简单，而且通常不需要进行抵押和担保，可以帮助企业快速获得资金。另外，这些特定投资者都是具有一定经营管理经验的人才，能够帮助企业提供前瞻性的战略指导。

第 11 章
融资有道：驾驭资本让自己的公司腾飞

表 11-1 私募股权融资的基本流程

步骤	详情
第一阶段：准备市场	(1)签署融资协议； (2)完成融资材料； (3)联系私募基金； (4)挑选投资人，安排会议
第二阶段：市场推介	(1)联络意向投资者，递送相关的信息材料； (2)投资者实地考察； (3)签署投资意向书
第三阶段：讨论及完成	(1)投资者尽职调查； (2)确定交易方案； (3)签署正式合同； (4)资金到位，融资结束

私募股权融资商业计划书中通常会注明风险提示、相关名词释义、项目基本情况、关于本次融资的决议情况、融资企业或拟新设企业情况、信息披露安排、投后管理安排、团队介绍、融资相关安排以及有关当事人披露等信息，相关范本如图 11-12 所示。

```
8.10 投资者筛选标准
    本次私募股权融资过程中，融资企业和推荐人可以在每个交易日终及募集结束后对认购者名单进行筛选。
8.10.1 筛选目的
    (1) 保证本次融资投资者为符合法律、法规、自律规则要求的合格投资者。
    (2) 保证本次融资结束后，xxx 公司股东数符合法律规定。
    (3) 有利于 xxx 公司未来业务发展。
8.10.2 筛选程序
    融资企业和推荐人可以自行决定筛选规则，但应当合理，例如：
    在募集期结束后，遵循累计认购金额优先、认购时间优先的原则，将累计认购金额从大到小排列，认购金额大的优先入选；对于同等认购金额的，按申请时间优先原则筛选，认购时间早的优先入选。对于达到融资规模上限的最后认购人的选择，将实行最接近最大募集金额优先、认购时间优先的原则，即在筛选时首先优先选择最接近最大募集金额的认购申请。
```

图 11-12 私募股权融资范本中的投资者筛选标准

5．天使投资

天使投资这个词起源于美国纽约百老汇，最初用来形容那些资助百老汇演出的人，把他们比喻为天使，给百老汇的演出工作提供了高风险的投资。天使投资是指具有一定净财富的人士，对具有巨大发展潜力的高风险的初创企业进行早期的直接投资，这是一种风险投资形式，能够帮助创始人实现创业梦想。对于天使投资，投资专家将投资对象假想为学生，并作了一个非常形象的比喻，如图 11-13 所示。

国内有很多专业的天使投资平台，创业者可以将自己的优秀项目发布到这些平台上，吸引天使投资的关注，如图 11-14 所示。

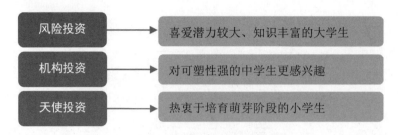

图 11-13　投资专家用学生做的比喻

图 11-14　通过互联网寻找天使投资

6．股权众筹

股权众筹主要是通过互联网上的股权众筹融资中介机构平台，进行公开的小额股权融资，甚至有观点认为"股权众筹是私募股权互联网化"。股权众筹可以分为无担保股权众筹和有担保股权众筹两类，如图 11-15 所示。

图 11-15　股权众筹的分类

股权众筹最明显的一个特点，就是投资人的数量非常多，资金来源具有极强的分散性。随着移动互联网和移动支付技术的发展，股权众筹行业得到了前所未有的发展，不少电商巨头推出了股权众筹平台。

7. 风险投资

风险投资(Venture Capital，VC)简称风投，主要融资对象为初创企业，主要方式是为投资人提供资金支持、经营管理经验和配套增值服务，并取得该公司的股份。企业想要获得风险投资，必须满足五个标准，如图 11-16 所示。

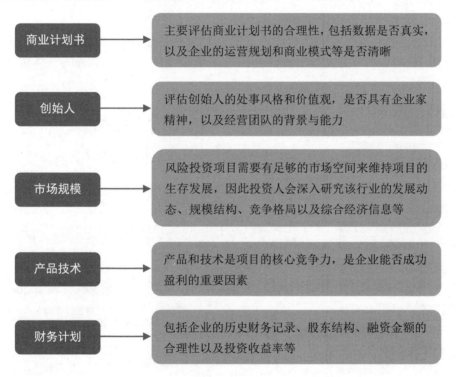

图 11-16　风险投资选择项目时的五大标准

8．FA 股权融资

FA 是 Financial Advisor(融资顾问或是财务顾问)的缩写，其本质就是中介机构，即创业公司和投资机构之间的中介。下面简单介绍 FA 股权融资的基本流程，如表 11-2 所示。

表 11-2　FA 股权融资的基本流程

流程	详情
FA 合作	依次进行签署协议、详尽调查、准备材料、项目推介、密集沟通、机构筛选等基本步骤
考察谈判	依次进行初步面谈、投资意向、实地考察、机构谈判、确定投资等基本步骤
"过会"打款	依次进行准备上会、机构尽职调查、签署合同、资金到账等基本步骤

这些从事 FA 股权融资的金融机构，主要功能就是链接资金的盈余和短缺两方，让适合的资本流向合适的人手中。

9．新三板融资

新三板是指全国中小企业股份转让系统，这是经国务院批准设立的全国性证券交易场所，简称全国股份转让系统。

新三板融资主要针对非上市股份有限公司，其特点是挂牌门槛低、挂牌费用少以及挂牌效率高，为企业带来更加便捷的融资渠道，新三板融资的具体优势，如图 11-17 所示。

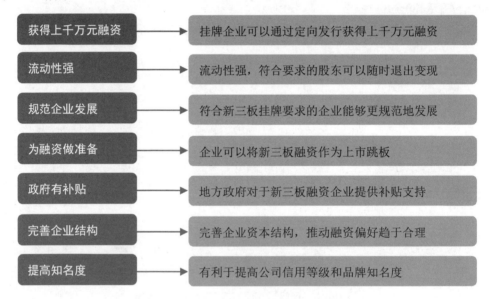

图 11-17　新三板融资的优势

企业在新三板挂牌后，可以极大地改善自己的经营管理水平，而且有助于提升业绩，加速资金回笼，将收回的大量现金转化为再生产的资本金，实现良性循环。

10．IPO 上市融资

将企业做到上市，这是很多创作者经营企业的最终梦想。IPO 是首次公开募股（Initial Public Offerings）的意思，即股份有限公司第一次将它的股份向公众出售。IPO 上市融资的主要好处如图 11-18 所示。

IPO 上市融资能够实现资产证券化，放大企业价值和股东价值，提高债务融资的能力，促进市场发展和企业规范运作，同时还有利于吸引优秀人才。企业上市的基本流程如下。

(1) 企业改制重组，成立股份公司。

(2) 上市前辅导，进行规范性培训。

第 11 章
融资有道：驾驭资本让自己的公司腾飞

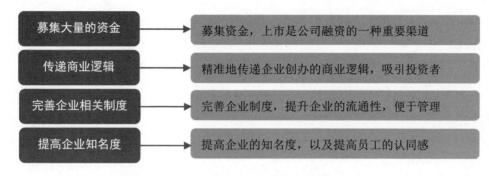

图 11-18　IPO 上市融资的主要好处

（3）制作正式申报材料，上报申请文件。
（4）证监会审核文件：初审→发行委员会审核→核准发行。
（5）进行定价和配售，挂牌上市交易。

11.2　更多融资，六个技巧

　　股权融资是一种与债券融资相对的方式，是以股权为对价取得融资的方式，相对而言财务成本更低，一般情况下无须偿还，而且有利于优化企业股权结构、提升管理水平，是破解融资困局的有力支点。

11.2.1　"十不投"原则

　　企业在进行股权融资前，不是说想融资就能融资的，还需要符合一些基本条件，如图 11-19 所示。

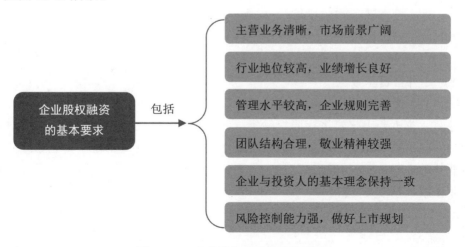

图 11-19　企业股权融资的基本要求

专业的投资人和投资机构在筛选项目时，通常有非常严格的标准，如行业中比较通用的"十不投"原则。

(1) 不投没有上市可行性的项目。
(2) 不投技术不成熟的项目。
(3) 不投市场容量小的项目。
(4) 不投没有成熟盈利模式的项目。
(5) 不投有重大管理漏洞的项目。
(6) 不投团队核心人员存在不良问题的项目。
(7) 不投被相关政策法规禁止的项目。
(8) 不投成长率达不到70%的项目。
(9) 不投预期的退出收益过低的项目。
(10) 不投有重大历史沿革问题的项目。

11.2.2 投资机构

投资机构是指用自有资金或者能够从分散的公众手中筹集的资金专门进行有价证券投资活动的组织，一般具有投资资金量大、收集和分析信息的能力强等特点。目前，市场上的投资机构主要包括以下几类。

(1) 国有投资机构。
(2) 民营投资公司。
(3) 混合所有制投资公司。
(4) 外资投资公司。
(5) 外资投资基金。
(6) 内资创投公司。
(7) 内资投资基金。
(8) 中外合资基金。
(9) 个人投资者。

当企业董事会确定要进行股权融资，并授权给具体的负责人后，还需要对自身进行基本的尽职调查工作，基本内容如图 11-20 所示。必要情况下，企业还可以聘请专业的外部财务顾问或者相关的人员来协助进行尽职调查，为股权融资计划准备好商业计划书等相关资料。

第 11 章
融资有道：驾驭资本让自己的公司腾飞

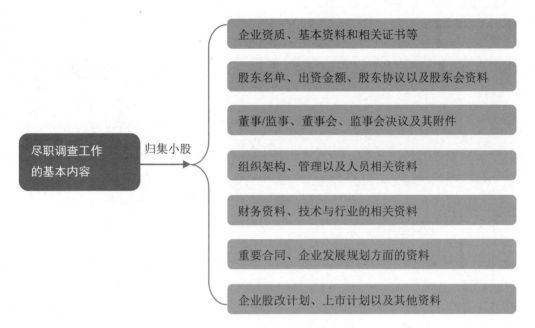

图 11-20　尽职调查工作的基本内容

11.2.3　估值融资

公司估值又称为企业估值、企业评估价值等，主要是指上市或者非上市公司对其内在价值进行评估。下面以 PE 市场中最为常用的市盈率法估值为例，介绍确定企业估值和定价方案的方法。

例如，某企业承诺当年净利润为 6000 万元，且未来两年的平均增长率达到 60%，同时计划在最近两年内上市。假设将市盈率倍数为 5 倍，则企业总估值为：6000 万元×5 倍=3 亿元。根据融资计划预计的规模，确定投资人的股权比例为 30%，则投资金额为 3 亿元×30%=9000 万。接下来再根据融资计划的实际情况，来确定投资人的数量、各自的投资金额和持股数量即可。

当然，上面的案例只是采用比较简单的数据进行说明，来介绍基本的企业估值方法，实际情况可能会复杂很多，需要运用大量的理论工具才能对企业进行准确估值。

1．融资时间

企业必须制订明确的融资计划和时间计划，并且严格按照计划来执行。当企业董事会确定融资计划，而且投资人也产生初步意向后，即可制订详细的融资时间计划，如表 11-3 所示。建议所有的流程在两个月到两个半月内完成。

表 11-3 融资时间计划

时间	计划
2 个星期	投资人尽职调查
1 个星期	投资人自我研究、外部补充调研、初步决策
1 个星期	谈判交易条件,通常在尽职调查的同时就开始展开了
1~2 个星期	投资人内部决策程序
1 个星期	签署投资协议,资金到位
1~2 个星期	验资及工商变更登记手续

在企业和投资人双方达成合作意向后,即可签订协议的投资协议,主要内容包括投资方案(持股数量、价格、投资金额、比例)、资金到位时间要求、董事/监事推荐安排、公司原有主要股东承诺内容、承诺内容出现差异时的处理方法。

2. 融资金额

企业可以根据自身的发展需求和现金流大小,来确定合适的融资金额,同时要注意稍大于实际需求。这里主要有五个方面的原因,如图 11-21 所示。

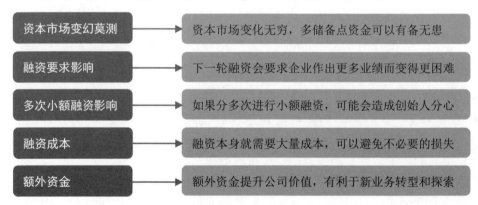

图 11-21 融资金额大于实际需求的原因

11.2.4 花钱技巧

即使创业者成功地获得了融资,这些融资获得的钱如何花出去才是关键,创业者要让融资有规划地用到各个环节,具体策略如图 11-22 所示。

尤其是对于初创企业来说,资金非常紧张,因此创业者一定要按照商业计划书中原有的计划来花钱,如果情况有变的话则需告知投资人,如图 11-23 所示。

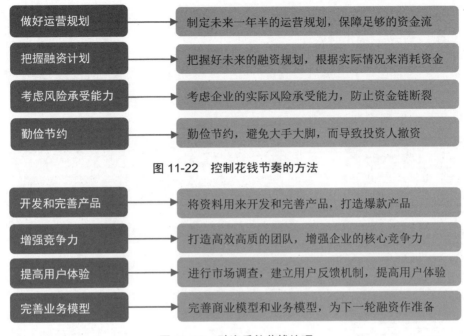

图 11-22 控制花钱节奏的方法

图 11-23 融资后的花钱技巧

11.2.5 处理关系

创业者和投资人应该齐心协力，共同推动企业的发展，并共享企业的发展成果。因此，双方在相处时，一定要保持融洽的关系，可以通过良好的互动达到共赢。

对于投资人来说，既然选择了创业者，就应该全力支持他，不要对他作出的决定指手画脚，而是应该将自己融入企业中，多帮忙不添乱。

投资人可以从创业者的角度来思考问题，提出的建议要中肯，消除不必要的、无效的信息噪音，让创业者能够更加专注于项目的发展。对于创业者来说，和投资人相处有时难免会有意见相左时，甚至会相处不融洽，因此创业者要注意以下这些问题，如图 11-24 所示。

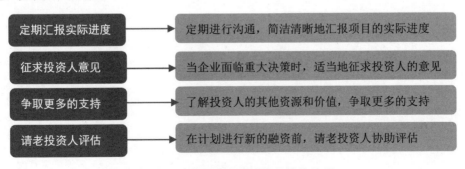

图 11-24 创业者和投资人相处的技巧

11.2.6 掌握控股权

最后，创业者对于融资后的股份分配要深思熟虑，一定要让自己掌握绝对的控股权，控制住公司的董事会和经营管理决策权，避免自己被踢出局。下面介绍一些相关的技巧，如图 11-25 所示。

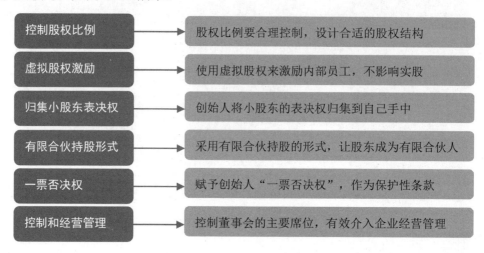

图 11-25 抓牢公司控制权的相关技巧

第 12 章

商业谈判：尽情施展你口若悬河的本事

学前提示

最能体现出公司实力的除了它雄厚的资金之外，就是它的业绩，而业绩中最重要的就是签订合同。初创公司在谈判过程中如何面对自己的合作者，在谈判桌上为公司争取最大的利益，这是一个创业者应该思考的问题，同时也是这一章的重点。

要点展示

- 谈判策略，两个要点
- 谈判方法，两个明白
- 商业合同，两个注意

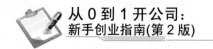

12.1 谈判策略,两个要点

商业谈判是一件斗智斗勇的事,创业者要想在商业谈判中获得成功,光靠常规套路和胡搅蛮缠是行不通的,需要的是谈判策略。

12.1.1 谈判窍门盘点

融资是所有创业者都希望拥有的资源,在此过程中,创业者一定要多了解投资人的情况,做到"知己知彼,百战不殆"。

1. 谈判的沟通策略

创业者在接触投资人或者投资机构之前,可以先了解以下情况。

(1) 投资人之前的投资历史,股票持有时间。
(2) 投资人有无丰富的融资经验。
(3) 投资人是否投资过同行业的其他企业,以及持股情况。
(4) 投资人买卖股票的选择依据是否足够理性。
(5) 投资人的管理和行业经验,能否为企业提供价值和帮助。
(6) 投资人过往投资的盈亏情况。
(7) 投资人对系统性风险(政策风险、市场风险、宏观经济风险、购买力风险、通货膨胀风险、利率风险、汇率风险)的了解情况。
(8) 投资人对非系统性风险(操作风险、信用风险、违约风险、经营风险、流动性风险、财务风险)的了解情况。
(9) 投资人的风险防范能力和实际状况。
(10) 投资人能否为企业发展建言献策。

总之,创业者要善于站在投资人的角度思考问题,投资人之所以选择你的项目或企业,并不是一时冲动,也不是为了做慈善,而是希望你的项目或企业能够为他带来投资收益。尤其是创业企业的股权融资,投资人面临的风险非常大,一旦投资失败,投资人将遭受巨大的损失。因此,创业者要多了解投资人的初衷,好好地规划和利用他们给予的资金,这样才能争取到他们的支持,让双方获得共赢。

2. 谈判的工作流程

企业股东与投资人双方的谈判,在很大程度上决定了融资能否成功。因此,有融资需求的企业要掌握一定的谈判窍门,不仅能够使自己的目标利益最大化,而且也要让投资人觉得满意。

了解谈判的工作流程,可以保证谈判的工作井然有序地进行,一步步走向成功的目标。谈判的工作流程主要包括以下五个阶段,如图 12-1 所示。

第 12 章
商业谈判：尽情施展你口若悬河的本事

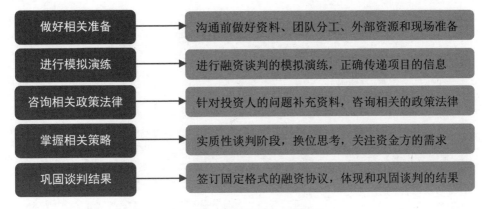

图 12-1 融资谈判的工作流程

3．融资谈判的沟通策略

企业在融资过程中，需要掌握一些与投资人沟通的技巧，不断增强自己的信心，这样才能让融资过程变得更加顺利。融资谈判的沟通策略如图 12-2 所示。

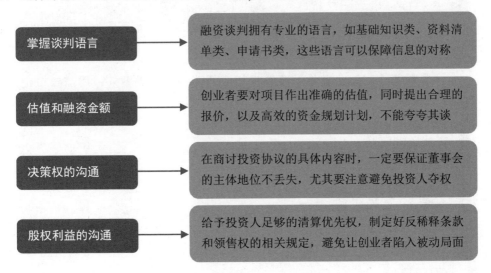

图 12-2 融资谈判的沟通策略

12.1.2 谈判策略有哪些

前文我们已经讲过商业谈判要讲究谈判策略，而这种策略应该是有底线的，不是为达目的无所不用其极的谈判策略，而是达到共赢的谈判策略，常用的商业谈判策略可以分为四个类型，分别是协商式谈判、坦诚式谈判、进攻式谈判和慎重式谈判，如图 12-3 所示。

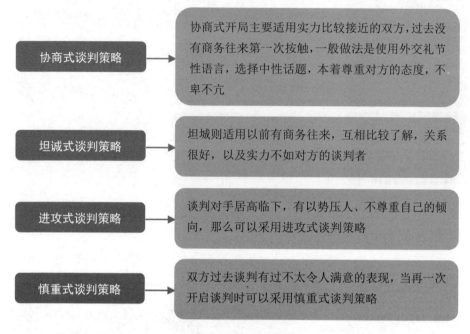

图 12-3　商业谈判类型

在进行谈判之前,创业者除了要选择相应的谈判策略类型外,还需要拟定一个谈判计划。

(1) 了解影响谈判的因素。
(2) 查找关键问题。
(3) 确定具体目标。
(4) 确定假设性方法。
(5) 深度分析假设性方法。
(6) 形成具体的谈判策略。
(7) 拟定行动方案。

1. 遛马策略

我们先从驯马开始说起,这个策略本身也是来自驯马的过程,一般来说驯马员在驯马之前要先将马安抚好,哪怕这匹马性子再烈、再难驯服,都先要将马匹安抚好,通常来说安抚策略就是遛马,同时也是这个策略得名的由来。

在商业谈判中,我们也可以运用驯马之前先遛马的思维,创业者在谈判过程中遇到难缠的人,你首先要做的就是压住自己想要反驳的心情,哪怕对方提出再刁难的条件,我们也不应该立即反驳。创业者此时要做的就是委婉地疏导对方,促使他改变心意,调整条件。

2. 折中策略

我们先从孔子的一个故事说起。据说孔子去周庙参观，看到庙中有一个叫欹器的器具，问守庙之人："此何器也？"守庙之人回答："此盖为宥坐之器。"孔子说："吾闻宥坐之器，虚则欹，中则正，满则覆。"孔子让弟子注水测试，果然是中则正，满则覆，虚则欹。孔子喟然叹曰："吁，恶有满而不覆者哉！"

这段故事说的就是孔子看到周庙里的欹器，如图 12-4 所示，孔子听说它没有水的时候是倾斜的，水盛一半时是垂直正立的，盛满水是翻过去的。孔子在测试完后发出感慨："唉，难道有满而不覆的人或事物吗？"

图 12-4　欹器

除此之外，还有"日中则移，月满则亏"的俗语，它们都说明了一个道理——"折中"。

这个道理我们也可以用在商业谈判之中，如果谈判双方都希望结果对自己有利，这样很容易让双方陷入拉锯战和僵局，双方都无法从中受益，这时候我们不妨学习古人的折中策略，双方各让一步。

3. 蚕食策略

我们都知道有个偏正结构的短语——"鲸吞"，指的是像鲸鱼一样吞食，形容吞食量大；与之相反的另一个词是"蚕食"，指的是像蚕丝一样吞食，形容吞食量小但是吞食得干净。

这里的蚕食策略指的是在谈判过程中，创业者不应该一开始就将自己所有的筹码和条件全部表明出来，而应该像蚕吃桑叶、秦灭六国一样，一点点、一步步地提出自己的条件。

值得注意的是，在不同场合、不同心情，甚至在不同的天气下，对方对创业者提出的条件都会有截然不同的反应。

12.2 谈判方法，两个明白

对于一个想要长期发展的公司而言，就需要保持自己的竞争力；想要保持公司的竞争力，就需要有较强的谈判能力；想要有较强的谈判能力，就需要掌握在商业谈判中常用的谈判方法和技巧。

12.2.1 明白有哪些实用的谈判理论

谈判理论有很多，不同的谈判高手都有一套自己的谈判理论，下面介绍自己总结并常用的谈判理论。

1．合作博弈和非合作博弈

博弈论是一门高深的学问，我们这里限于篇幅只作简单介绍。在博弈论中我们举的最多的例子便是"囚徒困境"，如图12-5所示。

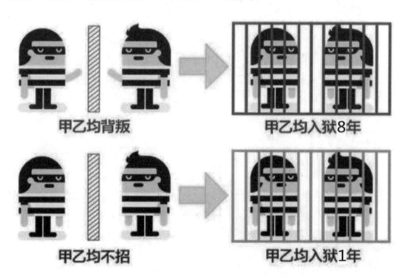

图12-5　"囚徒困境"

一般来说，博弈论可以分为合作博弈论和非合作博弈论。

从最终的谈判效果来看，合作博弈论和我们前面提过的折中策略有些相似，指的是合作的双方都能从合作中受益，侧重双赢和互利。双赢互利在商业中算是比较理想的状态，是双方都愿意看到的，这种理论在实际运用中取得的效果也比较理想。

非合作博弈是指在谈判和竞争中让自己的利益最大化，按照参与人行动先后可

第 12 章
商业谈判：尽情施展你口若悬河的本事

以分为两种。

(1) 静态博弈。

(2) 动态博弈。

跟参与人对对手信息的掌握程度可以分为两种。

(1) 完全信息博弈。

(2) 不完全信息博弈。

2．零和博弈

零和博弈很容易理解，它指的是在相对严格的竞争下，一方的收益必然意味着另一方的失去，它们互为相反数，两者相加永远等于 0，用最简单的话来理解就是"彼之所得为我之所失"。

下棋、玩扑克牌在内的各种智力游戏都有一个共同特点，即参与游戏各方之间存在着输赢。在游戏进行之中，一方赢得的恰好等于另一方输掉的。

譬如，在国际象棋比赛中，一方吃掉对方的一个棋子，就意味着该方赢了一步而对方输掉了一步，我们称这种博弈为"零和博弈"。所谓"零和博弈"的概念就是由此而来的。

12.2.2　明白有哪些实用的谈判技巧

前面两节笔者说的谈判都是笼统的理论和分析，不是针对具体的谈判形势，只具有普适性，当然下面介绍的具体情形的谈判技巧也不是一成不变的，需要创业者自己灵活变通。

1．自身接单量少的问题

自身接单量少，缺乏合作方信任，这是初创企业最容易遇到的谈判问题。准确地说，这其实不是一个问题，而是正常现象，当初美团外卖、饿了么外卖是靠各种优惠来拉用户，苹果手机也是从性价比做起的。

在遇到这种情况时，由于初创公司接单量少，谈判方面临着更多的选择，很难下定决心去选择和创业者的公司合作。这时候创业者可以从以下两个角度说服谈判方。

(1) 扩大公司的销售范围，提高接单量。

(2) 提高质量来获得市场认可。

2．订单比例不协调

公司在洽谈业务的过程中很容易遇到抵得上公司大半年收入的大订单，有时候经营惨淡的时候，连续几个月谈下的都是只能运营几天的小订单。那么这是否意味着公司只需要接大订单，不需要接小订单了呢？

其实不然，"不积跬步，无以至千里；不积小流，无以成江海"，有时候接续遇上大厂商的大订单，初创公司未必有那么多心血和精力去处理，也未必有这个能力去处理好这个大订单。所以，对于创业者而言需要合理搭配订单，切忌好高骛远。

12.3 商业合同，两个注意

公司最常打交道的不是财务报表就是合同，而合同一旦双方签订下来，它就具有了相关的法律效力，因此创业者在签订合同时需要注意以下几点。

12.3.1 有哪些合作要点需要注意

在签订合同的过程中，双方需要明确的合作要点，主要有以下几点。

1. 明确双方的义务

我们已经说过合同是具有法律效力的协议，它规定了当事人之间的多种民事关系和当事人之间的权利义务。在一场商业谈判上，谈判双方都无法预料合作过程中会发生哪些问题、意外和纠纷，为了日后更方便地处理这些问题、意外和纠纷，双方都需要在合同里明确彼此的义务。

如果初创公司的创业者在制定合同中双方义务时，不清楚具体需要明确哪些义务，可以向同行或专业律师咨询。

2. 合同条款要详细

合同内容除了要明确签订合同的双方当事人的责任和义务外，还需要细化合同条款内容，将当事人违约责任等详细内容写进合同。

合同条款细化后，如果日后遇到难以解决的具体情况在合同中找到相应的解决方法的可能性更高，万一弄到对簿公堂的地步，创业者也能在合同中找到相对可靠的依据，提高胜诉的可能性。

12.3.2 有哪些违约要点需要注意

初创公司创业者最容易遇到的问题就是对方违约的问题，在签订合同之前，创业者如何注意和巧妙避免产生违约问题呢？

1. 注明违约责任条款

如果其中一方出现违约行为，势必会影响另一方的利益，这时候就需要在合同中注明违约需要承担的责任、违约补偿范围和违约金等，如图12-6所示。

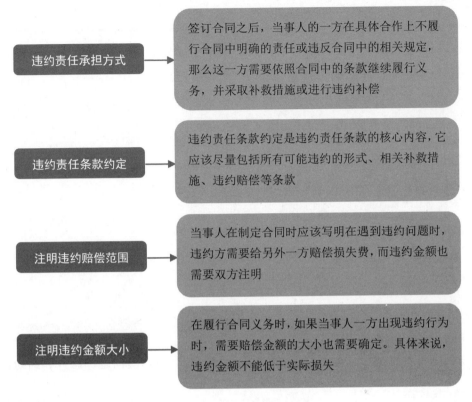

图 12-6 注明违约责任条款

2. 设置保密条款

商业合作的本质是合作双方优势互补和资源共享，每一家公司或企业能长期发展，肯定有自己的技术或资源，如果合作双方的技术或资源对于对方而言只有使用权，那么在合同中应该设置一条保密条款，以防止该技术或资源泄露，给创业者造成不可挽回的损失。

第 13 章

公司制度：以人性化的管理增强竞争性

学前提示

公司制度主要有三个重要的组成部分，分别是入职手续、加班制度和请假制度；薪资构成主要有薪资结构、薪资等级、激励机制、特殊人才处理和薪资争议处理这五个要点。本章将从这八个部分出发，让创业者初步了解公司制度。

要点展示

- 公司制度，三个部分
- 薪资构成，五个要点

13.1 公司制度，三个部分

俗话说："没有规矩，不成方圆。"对于一个企业或公司而言，一个好的公司制度不仅可以保证公司正常运营，同时也可以激发员工的工作积极性。如果一个公司的制度设计得不科学、不合理，那么这个公司就会被这个制度拖垮。

13.1.1 入职手续

如果公司求职者通过了面试，那么公司的人事部门就需要向求职者发送《录用通知书》或者《聘书》，上面注明求职者在规定时间内携带相应的资料到岗，如图13-1所示，为某公司的《聘书》。

图 13-1 某公司的《聘书》

等新员工来公司报道时，首先需要员工填写一份《员工履历表》，如图 13-2 所示。当然不同性质的公司，履历表上需要填写的内容和信息不尽相同，创业者可根据自己对员工的要求和考察角度具体编写《员工履历表》。

待新员工填写完《员工履历表》之后，人事部的同事就可以将公司的《员工手册》《制度汇编》等资料发给新员工。新员工通过阅读《员工手册》《制度汇编》，不仅可以更加全面地了解公司，还可以相对了解自己的岗位和工作要求，了解自己工作的性质，接受公司的相关制度，这样就可以让员工更加适应公司的环境，更快地投入到工作中来。

在新员工看完《员工手册》《制度汇总》等资料之后，便可以与新员工签订一式两份的劳动合同等资料。

在与新员工签订劳动合同时，创业者需要注意以下三点，如图 13-3 所示。

第 13 章
公司制度：以人性化的管理增强竞争性

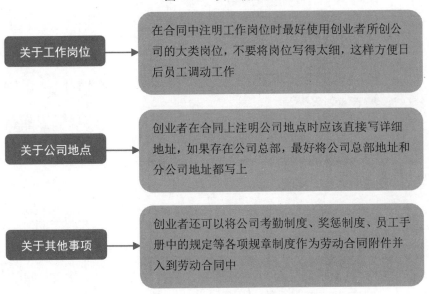

图 13-2　员工履历表范本

关于工作岗位	→	在合同中注明工作岗位时最好使用创业者所创公司的大类岗位，不要将岗位写得太细，这样方便日后员工调动工作
关于公司地点	→	创业者在合同上注明公司地点时应该直接写详细地址，如果存在公司总部，最好将公司总部地址和分公司地址都写上
关于其他事项	→	创业者还可以将公司考勤制度、奖惩制度、员工手册中的规定等各项规章制度作为劳动合同附件并入到劳动合同中

图 13-3　签订劳动合同注意事项

13.1.2 加班制度

在公司与员工签订的劳动合同中,上面已经明确写明了员工每天上班的时间。如果创业者在超过劳动合同规定的工作时间后,继续工作,这是不符合国家《劳动合同法》的,员工有权拒绝。

创业者要明白,员工与公司的关系是被雇佣与雇佣关系,而不是被压榨与压榨的关系。如果一个公司里出现了压榨员工的现象,不仅员工会选择愤而辞职,该公司也会在业内留下极差的印象。

所以,创业者需要员工加班,那么就需要支付员工加班期间的补贴或费用,至于补贴或费用的支付标准,可以参考《劳动合同法》的相关规定。

(1) 安排劳动者延长时间的,不得支付低于工资的150%的工资报酬。

(2) 休息日安排劳动者工作又不能安排补休的,支付不低于工作日工资的200%作为工资报酬。

(3) 法定休假日安排劳动者工作的,支付不低于工作日工资的300%作为工资报酬。

对于初创公司而言,只有设立了合理的加班制度,才能稳定员工的心,同时还能节省公司的开销,具体措施如表13-1所示。

表13-1 设立合理的加班制度

合理的加班制度	详情
杜绝无效加班	能不加班解决的问题就不加班解决,无效的加班只会增加公司的负担
将加班流程化	对于创业者而言,加班不应该只是口头上申请,而是应该建立一套完整的加班通知、申请、统计、核实的制度
与制度相结合	创业者可以考虑考勤制度与加班制度相结合,如果是非法定节假日加班,创业者可以考虑给员工调休
合理安排基数	创业者必须合理安排加班费的基数,既不能让员工感觉吃亏,也不能过多消耗公司的财务、增加公司的负担

13.1.3 请假制度

随着时代的发展,员工越来越追求个性化和自由,有些公司的请假制度过于死板、苛刻,很难招到人才。因此,初创公司的创业者很有必要意识到这一点,设置人性化的请假制度。

我们根据请假的缘由不同,可以将假分为九类:带薪假、工伤假、事假、病假、婚假、产假、陪产假、丧假、特别休假,其中带薪假是不扣薪水的,工伤假需要医院开具相关证明,事假申请标准如表13-2所示。

第 13 章
公司制度：以人性化的管理增强竞争性

表 13-2　事假申请标准

假期长度	申请详情
3 天及 3 天以下	员工事假申请假期为 3 天及 3 天以下，只需要部门负责人同意即可
3 天以上	需要公司总经理的同意
5 天及 5 天以上	一般来说事假申请假期不能超过 5 天，如果超过 5 天需要总经理签字同意
未请假	员工未按照公司请假流程办理请假手续，则视为旷工

事假工资标准如表 13-3 所示。

表 13-3　事假工资标准

假期长度	工资详情
一个月内累计 1～3 天	扣除该员工当月全勤奖
一次性超过 1 个月或一年累计超过 3 个月	视情节轻重而决定，如果严重影响工作进度，公司可以对该员工进行职位调整或解除劳动合同
备注	事假和公假不同，公假是带薪休假，事假为无薪假期

限于篇幅，我们这里只例举事假的相关标准，至于病假的设置则更复杂，可查询相关规定和资料。

无论是加班制度，还是请假制度，这些都是公司文化的组成部分，创业者切不可忽视。

对于初创公司而言，一开始就设立人性化的制度是很有必要的，它不仅能提高员工工作的积极性，还可以提高公司知名度，在社会上树立好的名声。

13.2　薪资构成，五个要点

薪资问题直接关系到员工最直接、最根本的利益，是员工最在意和最关心的问题，但是薪资也关系到公司利益，因此，一个初创公司设定一个合理的薪资结构也是它的一大任务。

13.2.1　薪资结构

一般来说，员工的薪资是由两个部分构成的——固定工资和绩效工资，其中固定工资包括基本工资、津贴、加班工资；绩效工资包括薪酬激励、绩效奖金等，如图 13-4 所示。

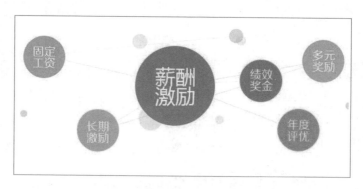

图 13-4　员工薪资

根据这个构成法则，应该设定固定工资和浮动工资。其中固定工资是员工的基本保障，浮动工资是为了激励员工设立的，具有不确定性。

固定工资主要由三部分组成：基本工资、岗位工资、技术或能力工资；浮动工资由两个部分组成，分别是绩效工资和奖金。

除此之外，薪资内部结构还必须具备公平性，如果同样的职位、工龄、学历却有着不同的薪资待遇，势必会引起低薪酬员工的不满，会直接影响部门或公司的进度和效率。

当然，对于初创公司而言，公司尚处于起步阶段，很多规章制度还只是雏形，需要不断地优化升级，不过创业者可以临时使用或参考这个薪资结构：底薪、奖金、提成、补助、保险金和公积金。

13.2.2　薪资等级

薪资等级又被称为薪酬级差，为了提高员工的工作积极性，减少员工的流失，公司应建立薪资等级制度，也就是说，员工工龄越长，那么他的基本工资也就越高。具体如何设计薪资等级，可参考图 13-5 的内容。

公司在设置薪资等级时，应考虑下述各种因素。

(1) 学历：其他因素接近，学历越高则薪资越高，以吸引更多优秀的人才。

(2) 职位：其他因素接近，职位对于公司越重要则薪资越高。

(3) 工龄：其他因素接近，在公司任职时间越长，那么员工的薪资越高，以减少人才流失。

(4) 工作能力：其他因素接近，员工在工作和业务上能力越强，那么员工的薪资越高，"榜样的力量是无穷的"，这样可以更好地激励员工。

(5) 技术复杂程度：其他因素接近，技术复杂程度越高，那么员工的薪资越高，以褒奖优秀人才。

(6) 劳动繁重程度：其他因素接近，劳动繁重程度越高，那么员工的薪资越高，以褒奖刻苦努力和积极做贡献的人才。

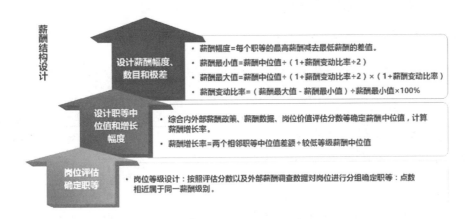

图 13-5 薪资等级设计

13.2.3 激励机制

据美国哈佛大学的心理学家研究,经过激励之后,员工的工作效率可提高 3～4 倍。因此,对于初创公司来说,设置一套有效的激励机制不但可以提高员工的工作积极性,还可以提高工作效率和公司业绩。激励机制可分为五种,如表 13-4 所示。

表 13-4 激励机制种类

激励机制种类	激励详情
满足需求机制	这是最基本,同时也是最简单的激励机制,它指的是公司满足员工最基本的物质需求和精神需求。员工只有物质需求得到满足,才会追求更高层次的精神需求。而公司只有满足了员工最基本的物质需求和精神需求,员工才能积极地、全心全意地投入到工作中
升职加薪机制	对于很多员工来说,他是带着自己的理想在工作的,其工作过程就是实现自己价值的过程。根据这种情况,公司应该建立一个升值加薪的机制,让员工实现自我价值的提升。 值得创业者注意的是,升职加薪虽然能提升员工的积极性和公司竞争力,但是公司需要把握好一个度,以免造成恶性竞争
负激励机制	以上两种都是正激励机制,只涉及奖励而没有涉及惩罚问题。"人非圣贤,孰能无过",为了减少员工在工作中犯错,需要建立有效而合理的负激励机制,让犯错的员工从中汲取教训,不再犯错,也让没犯错的员工以儆效尤,让他们更加小心谨慎
薪酬奖励措施	这里的薪酬奖励措施和升职加薪机制有区别,薪酬奖励措施指的是将员工的工作任务细分为多少个部分,当员工每完成一小部分,就进行一定的奖励
货币化奖励	货币化奖励指的是直接用金钱来奖励员工,而且和业务订单数量、客户数量等直接挂钩,也就是说员工业务订单数量、客户数量越多,那么金钱奖励也越多

13.2.4 特殊人才处理

对于一个公司而言,技术虽然是最大的竞争力,但是技术的核心依然是人,所以人才才是一个公司最大的战略。

此外,随着科技的发展、互联网的普及,机器开始替代人去完成某些场景的劳动,公司对传统劳动力的需求渐渐降低,对高素质人才的需求越来越高。因此,现代企业之间的竞争已经从以往的市场竞争转化为人才的竞争。

我们都知道成语"管鲍之交",如图 13-6 所示。管仲和鲍叔牙是好朋友,管仲因为家里贫穷,常常占鲍叔牙的便宜,鲍叔牙知道管仲有贤才,始终对管仲很好,没有半句怨言。当时,管仲辅佐的是公子纠,而鲍叔牙辅佐的是公子小白,为了帮公子纠夺得王位,管仲还射了公子小白一箭。后来公子小白夺得了王位,即后来大名鼎鼎的齐桓公,在鲍叔牙的举荐下,公子小白任用管仲为相,发展经济与军事,终成一代霸主。

图 13-6 《东周列国志精选》中管仲与鲍叔牙的形象

从这则历史故事中我们可以知道,对待特殊的人才和留住特殊的人才,我们可以采用以下四种方法。

(1) 信任:信任是人与人交往的基本准则,想要留下特殊人才,就必须学曹操那样"用人不疑,疑人不用"。

(2) 职务:对于特殊人才来说,他们对工作的要求不仅仅局限于工作性质,他们对工作职务也有自己的要求。

(3) 薪酬:《三国演义》中说:"良禽择木而栖,贤臣择主而事。"对于公司而言,只有足够优渥的条件和较高的薪资才能吸引住高素质人才。

(4) 福利:为了感谢员工的努力和付出,可以适当地对员工提供福利,如前几章提过的股权激励可以作为福利奖励给出色的员工。

13.2.5 薪资争议处理

这个问题很多创业者都会遇到，想要用高薪留住人才，初创公司的财政根本不能支撑起这个预算；想要提高公司职员的薪资和待遇，却发现初创公司没那么多资源来分配。

创业者想要解决这个问题，就需要调整薪资结构，重新制定薪酬分配原则，创业者若是在创业过程中遇到这个问题，可以尝试从以下四个角度分配薪资。

(1) 员工学历程度。
(2) 员工工龄大小。
(3) 岗位对于公司的重要性。
(4) 津贴下发机制。

下面笔者将针对这四个角度一一进行讲解，如表 13-5 所示。

表 13-5 薪资争议处理的四个角度

角度	详情
员工学历程度	虽然说不以成败论英雄，也不应该用学历看待人才，但是公司事务繁多，工作岗位无数，需要不同的人才完成不同的工作。 可以确定的是，一个公司既需要学历相对低的体力劳动者，也需要学历相对高的脑力劳动者
员工工龄大小	一般来说，工龄越长的员工，对公司制度、运营等各方面越熟悉，可以为公司创造更高的价值和利益
岗位的重要性	一个公司存在诸多岗位，有劳动岗位、技术岗位、生产岗位、销售岗位等，这些岗位所需要的技术、劳动力各不相同。因此，付出更多技术、劳动等的员工对公司的贡献越大
公司发放相关津贴	津贴能体现公司对员工的关怀，也可以弥补薪酬分配中的不足之处。减少薪资分配机制带来的负面影响，可以起到激励员工、提高员工在工作中的积极性和效率的作用

第 14 章

员工管理：从茫茫求职者中挑选出人才

学前提示

  一个公司是以人才为核心的，人才是公司发展的基本动力，可以创造出不可思议的奇迹。因此，创业者需要招聘、遴选、组合出自己的一套班子；而从另一层意义上来说，一个公司在发展过程中也需要不断补充新鲜血液，增强公司的创造力。

要点展示

- 招聘员工，两个要素
- 培训员工，两个重点
- 考核机制，三个方法
- 离职处理，三个步骤

14.1 招聘员工，两个要素

招聘指的是公司或企业通过招聘渠道招聘员工，到员工试用期考核之后转正的一个完整过程，如图14-1所示。

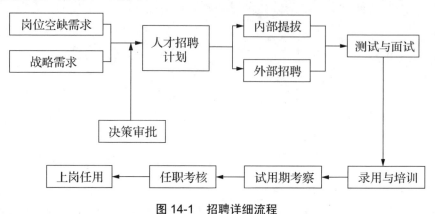

图 14-1 招聘详细流程

14.1.1 招聘渠道

当一个公司制定好入职手续、考勤制度、请假制度、薪资制度之后，这时候就需要招聘员工，招聘员工主要包括五种途径。

1．现场招聘

公司和人才在第三方提供的场地进行面对面沟通，完成招聘面试，如图 14-2 所示。现场招聘一般可分为招聘会和人才市场两种方式。

图 14-2 现场招聘

2. 媒体广告招聘

传统媒体广告招聘指的是在报纸、杂志和电视台等传统媒体上刊登和播放招聘信息，如图 14-3 所示。

图 14-3　杂志上刊登招聘信息

新媒体广告招聘指的是通过微信公众号、抖音发布招聘信息，如图 14-4 所示。

图 14-4　通过微信公众号发布招聘信息

当然，也可以在 58 同城、BOSS 直聘等招聘类软件上发布招聘信息，如图 14-5 所示。

图 14-5 BOSS 直聘首页

3. 校园招聘

很多公司或企业都会采用校园招聘方式，即在学校张贴海报，开招聘宣传会，吸引年轻而又优秀的应届毕业生加入企业，给企业补充新鲜血液和新能量。

4. 员工推荐

企业可以通过在职或即将离职的员工推荐优秀的人才来应聘，拓宽公司的人才招聘渠道。

5. 人才租赁

这是我国近几年出现的一种派生人才的服务项目，公司可以根据自己的需要向人才中介组织提出申请，然后人才中介组织根据申请的条件严格筛选并派出人才。

14.1.2 了解面试者的能力

当有求职者来公司面试时，创业者或人事部门负责人需要用相关的方法测试该求职者是否符合公司要求。我们可以从以下四个方面测试，如表 14-1 所示。

表 14-1 测试面试者的能力

测试类型	测试详情
性格测试	可以采用卡特尔的 16 型人格测试、MBTI 测试、PDP 性格测试等
技能测试	测试面试者的专业技能、思维方式等内容

第 14 章
员工管理：从茫茫求职者中挑选出人才

续表

测试类型	测试详情
能力测试	测试面试者的团队协作能力、认知能力、协作能力、创新能力等内容
技能测试	包括工作样本测试、虚拟项目投标测试等

14.2 培训员工，两个重点

公司一般会对新员工进行入职培训，以便新员工了解公司的规章制度、公司文化，更好地融入自己的工作岗位。培训的具体内容，如表 14-2 所示。

表 14-2 入职培训内容

培训内容	内容详情
企业简介	向新员工讲述公司的发展历程，以及在发展过程中所获得的荣誉和成就
企业文化	向员工介绍公司的目标、愿景、使命和价值观
工作方面	对员工工作职责、业务知识、职业心态、个人发展目标、个人前途等方面进行培训和加强

14.2.1 培训流程

入职培训流程，如图 14-6 所示。

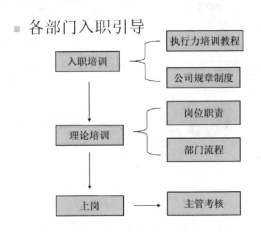

图 14-6 入职培训流程

培训最大的作用是在培训过程中，新员工的焦虑情绪会得到缓解，可以培养员工积极向上的心态，降低员工的流动率。

14.2.2 淘汰机制

在国内有很多大企业(如华为、海尔、联想等公司)已经开始实行淘汰机制了,通过淘汰机制,公司可以更好地激励员工,提升公司整体战斗力。

如果创业者想在初创公司里建立一个合理的淘汰机制,那么首先需要建立合理的薪资福利体系和公平合理的绩效考核机制。

1. 薪资福利体系

如果公司想要建立合理的淘汰机制,那么公司的薪资和福利要有足够的吸引力,如果一个公司的财务无法支撑高薪资和福利,那么不要说淘汰员工了,连招聘员工都比较困难。在这种财务困难的条件下,公司淘汰员工也是不现实的事情,如果非得这么做,那无异于搬起石头砸自己的脚。

只有当公司发展好,建立了高薪资、高福利的体系后,才能吸引到公司真正需要的高素质人才。在这些高素质人才加入公司之后,建立一个合理而又有效的淘汰机制,那么员工的积极性会更高。

2. 绩效考核机制

一个有效的淘汰机制肯定是面向公司所有的员工,而且执行起来相对公平。为了保障淘汰机制的公平性,公司需要建立有效的绩效考核机制,如图 14-7 所示。

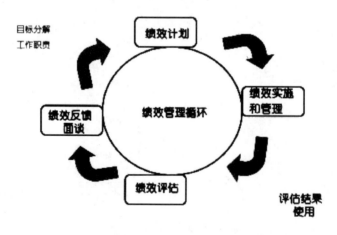

图 14-7 绩效考核流程

14.3 考核机制,三种方法

在魏晋南北朝时期,朝廷取士用的是"九品中正制",出现了"上品无寒门,下品无世族"的现象,直到隋唐两宋,科举制度产生和成熟后,才出现"朝为田舍郎，暮登天子堂"的局面。与此同时，带来的巨大问题是贪官污吏横行的现象，为了解决这个问题，朱元璋采用了剥皮楦草的酷刑，甚至把前任贪官的人皮做成县堂前的鸣冤鼓，但是贪污者仍然前仆后继，如图 14-8 所示。

图 14-8　历史博物馆关于剥皮楦草的介绍

但是在宋朝仁宗时期，他没有采用这么极端的方式，而是采用类似于绩效考核的方法，如果官员有贪污和不法行为，就很难得到朝廷的擢升。无独有偶，英国文官晋职一开始是看资历，后来就是绩效考核，可以这么说，英国的这套绩效考核制度就是我们今天各大公司或企业绩效考核的滥觞。

14.3.1　图尺度考核法

图尺度考核法又被称为 GRS(Graphic Rating Scale)，还可以称之为图解式考核法，是最简单、最普遍的考核方法，如表 14-3 所示。

表 14-3　图尺度考核法

考评点	评分标准	评分	评分结果
A.衣着和仪表			
B.自信心	5=优秀(你所知道的最好的员工)		
C.可靠程度	4=良好(超出标准)		
D.态度	3=中等(满足标准)		
E.合作	2=有待改进		
F.知识	1=不满意		

图尺度考核法的优缺点，如图 14-9 所示。

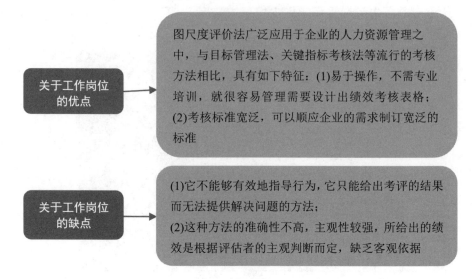

图 14-9　图尺度考核法的优缺点

14.3.2　交替排序法

交替排序法简称 ARM(Alternative Ranking Method)，是公司或企业常用的排序考核方法，它是针对绩效考评中的某一个要素将员工从最好到最差进行排序，如表 14-4 所示。

图 14-4　交替排序法岗位评价

岗位	评价者1	评价者2	评价者3	评价者4	评价者5	综合	排序名次
总经理	1	1	1	2	1	1.2	1
市场经理	2	2	2	1	2	1.8	2
市场专员	3	4	3	3	3	3.2	3
项目助理	4	3	4	4	4	3.8	4
会计	5	5	5	5	5	5.2	5
出纳	6	6	6	6	6	5.8	6
前台	7	7	7	7	7	7	7

交替排序法的优点如下。

(1) 简单实用。

(2) 考评结果一目了然。

交替排序法的缺点如下。
(1) 排序容易给员工造成心理压力。
(2) 在感情上不容易被员工接受。
(3) 高层主观臆断成分高,结果往往不准确。

14.3.3 配对比较法

配对比较法简称 PCM(Paired Comparison Method),又可以称为两两比较法,顾名思义就是将所有的职务列出来,两两进行比较,价值高的得 1 分,然后将分数相加,其中分数最高者为等级最高者,如表 14-5 所示。

表 14-5 配对比较法

	岗位 1	岗位 2	岗位 3	岗位 4	岗位 5	岗位 6	岗位 7	岗位 8	岗位 9	岗位 10	总分
岗位 1		0	0	0	0	0	0	0	0	0	0
岗位 2	1		1	0	1	1	0	0	0	1	5
岗位 3	1	0		0	0	0	0	1	0	1	3
岗位 4	1	1	1		0	0	0	1	0	0	4
岗位 5	1	0	1	1		1	1	1	0	0	6
岗位 6	1	0	1	1	0		0	0	0	0	3
岗位 7	1	1	1	1	0	1		1	1	1	8
岗位 8	1	1	0	0	0	1	0		0	0	3
岗位 9	1	1	1	1	1	1	0	1		0	7
岗位 10	1	0	0	1	1	1	0	1	1		6

14.4 离职处理,三个步骤

正如《红楼梦》中所言:"千里搭长棚,没有不散的筵席。"一个公司即使营造再好的环境,终究要面对员工的离职。那么,创业者该如何处理呢?

14.4.1 了解员工离职原因

当员工要离开公司之前,创业者需要找即将离职的员工谈话,从中找出员工辞职的原因,这样可以尽量解决问题,挽留员工,也可以吸取教训,避免此类事件再次发生。创业者可以从以下三个角度了解员工离职的原因,如图 14-10 所示。

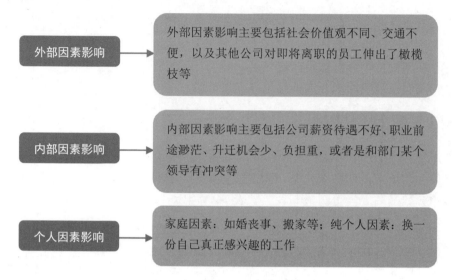

图 14-10　了解员工离职的原因

在和即将离职的员工面谈时，创业者应该采取以下态度。
(1) 换位思考，站在员工的角度思考问题。
(2) 创业者带着自己的目的去面谈。
(3) 做好保密措施。
(4) 尊重员工自己的决定。

14.4.2　设置离职流程

为了规范员工与公司解除劳动合同程序，结束雇佣关系，很多公司都会设置员工离职审批程序。

一般来说，员工离职可以分为主动离职和被动离职。
(1) 主动离职：合同到期员工自己不续签，或被竞争对手公司挖去。
(2) 被动离职：被公司辞退、合同到期公司不续签、公司裁员。

对创业者而言，可能是初次开公司，不清楚离职流程该如何设置，那么可以参考以下流程。
(1) 员工填写《员工离职申请表》。
(2) 公司人事部门经理根据相关资料进行审批。
(3) 人事资源部与离职申请者面谈，如果申请者执意离职则办理离职手续。
(4) 经理对离职申请者岗位和重要性进行评估，核实相关信息后签字。
(5) 清算公司与离职申请者的费用，如工资、报销费用等。

14.4.3 离职善后工作

在离职申请者离职之前,离职申请者可能会产生懈怠情绪,而员工离职如果交接工作没有做好,那么会给公司日后工作带来麻烦,因此创业者需要处理好员工离职后的善后工作。

创业者想要员工站好最后一班岗,需要做到以下三点。

(1) 对离职交接期员工一视同仁。

(2) 跟进交接进度,不能听之任之。

(3) 稳定和安抚离职员工的情绪。

下面是总结的员工离职常见的风险及解决方法。

1) 离职交接风险

应对方法:首先,公司需要明确规定员工离职需要提前 30 天申请,其次,部门相关领导要与员工沟通,确保交接工作平稳进行。

2) 离职保险风险

为了避免这个现象出现,创业者在与员工签订合同时,应尽量避免终止时间出现在月初,而是出现在月末,以免员工已经离职,而公司还需要继续给他交纳一个月的保险费。

3) 财务经理解聘风险

如果财务经理被解聘后泄露公司机密,那么公司可以依法起诉他泄露商业机密。如果公司有财务问题,无法起诉财务经理,双方可以协商解决。

第 15 章

企业进化：如何最大限度地提高公司利润

学前提示

在古代对一个皇子来说最重要的两件事就是如何坐上那把龙椅，以及如何将那把龙椅一直坐下去。这是一个亘古不变的硬道理。同理，一个创业者创立一个公司，脑子里也只有两件事——公司如何获取最大利润、怎样一直获取最大利润。

要点展示

- 公司发展，三个策略
- 生生不息，两种方法

15.1 公司发展，三个策略

一个国家要长足发展，往往有 5 年计划、10 年计划，而公司虽小，也需要发展，也需要策略。

15.1.1 公司发展战略有哪些

对于一个公司来说，如果想要长足发展，那么就需要制定发展战略，以下是笔者总结的三大发展战略。

1. 填补战略

对于初创公司而言，它还是摇篮中的婴儿，无法与那些大公司直接竞争或对抗，这时候创业者可以去挖掘未被竞争对手和大公司占有的市场。

1）寻找机会

在激烈的市场竞争中，创业团队需要分析市场形势，不和大公司正面争夺市场，转而寻找最有利于自己的市场空档。

2）锁定市场目标

创业者在寻找到最有利于自己的市场空档后，必须分析消费者的层次、目标和分布等要素，锁定某个要素为市场目标。

2. 借势战略

借势战略是一种很高明的、潜移默化的营销手段，创业者可以将自己的产品或服务融入一个喜闻乐见的环境或事物上，从而在大众之间传播开来，引发各色人等的注意和喜爱。

1）平民化的思维

借势战略要想成功，创业者就必须具有平民化的思维，而不是"巨婴"思维——我觉得消费者怎么样就怎么样，而是通过调研和分析，准确抓住消费者最喜欢的事物进行推广，拉近与消费者之间的距离。

2）适用范围广

借势战略不仅适用于初创公司或中小公司，还适用于大公司。最简单的例子就是阿里巴巴这么大的公司，依然是借势"双 11"大搞促销活动，我们几乎每年都能在各大主流 App 上看到阿里巴巴"双 11"的广告，如图 15-1 所示。

3）借势战略是正当手段

一些公司不用借势战略是因为害怕被戴上炒作的帽子，而事实上借势战略是正当的手段，很多大公司都会采用借势战略，因此只要合理地运用借势战略，对公司的发展肯定大有裨益。

第 15 章
企业进化：如何最大限度地提高公司利润

图 15-1　某 App 里的天猫"双 11"广告

4) 借势战略是长期战略

借势战略是一种长期战略，不是短期战略，所以公司要想采用借势战略，就必须制定一个长期战略目标而不是东一榔头、西一棒槌。

3."出海"战略

一个公司要想壮大，就必须走国际化道路，比如小米继进军印度、欧洲市场后，2019 年 12 月 9 日在日本东京举行发布会，意味着小米开始进军日本市场(见图 15-2)。

图 15-2　小米 NOTE10 日本东京发布会

(1) 选择目标市场。
(2) 抢占核心市场。
(3) 成立合资公司。

(4) 与跨国公司合作。

15.1.2 整合资源

随着互联网的发展和大数据以及人工智能的普及,很多公司都不再是纯粹的科技公司,而是互联网方案整合公司,它可能没有太多的技术含量,但是它能够整合身边的资源,打造出优秀的产品。

一个公司为什么需要整合资源?这个问题其实很容易弄明白,一个公司在资金、团队、技术上再完美,终究还是缺一些资源,而为了获得这些资源需要与其他公司合作,借势外部的资源。最简单的例子就是苹果手机,苹果公司拥有很多自己的专利,拥有最先进的 3D 人脸识别技术,但是它的屏幕却是三星给它定制的,如图 15-3 所示。

图 15-3　苹果手机为三星 OLED 屏

对于创业者而言,要想整合资源就必须具备以下三个条件。

1) 有眼光,心中有大格局

vivo 很有眼光地投资汇顶的屏下指纹技术,而汇顶成为全世界最好的屏下指纹方案供应商后,给 vivo 手机提供了最好的屏下指纹技术。

2) 转换思维

以前大家的思维都是围绕自己展开,而要想整合资源就必须拥有整合思维,从合作方的角度思考问题。

3) 资源互补

就像上面举例的 vivo 和汇顶那样,双方互补,互相发展,互相成就彼此。

第 15 章
企业进化：如何最大限度地提高公司利润

15.1.3 加强现金流管理

公司和生命是一样的，都需要血液来维持机体的正常运转，不一样的是公司需要的血液是现金流。生命想要继续生存就需要血液循环系统正常运行，而公司想要在市场上存活，就必须保证公司的现金流运转正常，否则就意味着公司财务出现了危机，公司随时面临着破产的风险。

1．4 个月的生存资金

对于一个公司来说，员工离职可以挨过一段时间重新招聘，但是资金链出现问题则刻不容缓，一旦资金链出现问题，那么公司员工的工资、负债、产品研发成本、其他各项支出都会受到影响。

根据一般规律来说，我们不谈不动产，只谈现金流。也就是说，一个公司当前能使用的现金流至少要能满足公司运营 4 个月，这是一条红线，如果公司的现金流不能满足 4 个月的运营，那么创业者就要留意了，说明当前公司现金流状况不佳，要引起警觉。

2．3 个月的生存资金

一般来说，如果公司的现金流只够公司运营 3 个月，那么说明公司就已经接近了现金流的死亡线，如果现金流现状继续恶化，那么公司可能随时面临着破产。

引起公司出现现金流危机的原因主要有三个。

(1) 公司过于重视市场机遇而忽视了现金流的作用。
(2) 市场结构发生巨大变化，导致公司陷入现金流危机。
(3) 投资不当，导致现金流短缺。

3．如何加强现金流管理

创业者在明白了现金流对于一个公司的重要性之后，就要开始着手加强现金流的管理，避免企业出现现金流问题，那么创业者又该从哪些方面去加强现金流的管理呢？具体方法如表 15-1 所示。

表 15-1　现金流管理的基本原则

管理现金流	详情
加强资金的调控	现金流管理中最重要的一项就是加强对资金的管理，防止公司出现现金流断裂的问题
建立起调控制度	建立现金流的相关制度，严格把控公司的预付款和应付款，保障公司的收支平衡
进行信息化管理	现金流管理是一项重大的事务，如果仅仅依赖传统的手段去管理，很难做到统一和及时，因此我们需要结合互联网、大数据、人工智能等新科技更便捷有效地管理现金流

续表

管理现金流	详情
融资渠道多元化	可结合前几章里的股权融资等方法拓宽公司的现金流渠道，尽量避免出现现金流问题
提高管理人意识	以上因素都是制度或管理因素，或者说是非人为因素。而有时候出现制度或管理问题，不一定是制度或管理有问题，而是管理人员有问题。因此，一个公司有必要提高管理人员的财务意识和管理意识

15.2 生生不息，两种方法

一个公司或企业不可能是慈善会，一个企业家首先是商人，然后他才有可能去做慈善，回馈社会。归根到底，一个公司或企业的存在，它的本质就是获取利润。那么，怎样获取利润才能让一个企业生生不息，一直发展下去呢？

15.2.1 提高利润

那么对于创业者而言，如何在公司起步阶段就开始创造更多利润，实现自己的创业梦想？主要有以下两个手段。

1．敢于创新

对于一个初创公司而言，利润是由企业自己的能力决定的，而不是由其他因素决定的。

唐太宗评价魏征："以铜为镜，可以正衣冠；以古为镜，可以知兴替；以人为镜，可以明得失。朕常保此三镜，以防己过。今魏徵殂逝，遂亡一镜矣！"而对于公司而言，利润就是一面镜子。根据公司某个时期的利润，我们可以计算这个时期的公司利润率，根据这个利润率可以了解公司的计划完成状况和管理水平。

因此，公司只有勇于创新，提高公司核心竞争力，才有可能从本质上稳定提高公司的利润收入。

2．分解成本

如果公司想要直接提高公司的利润，那就只有两种根本方法。

(1) 增加公司的营业收入。

(2) 降低公司各项成本。

第(1)条我们不多讲解，主要分析第(2)条，那么公司要怎样才能做到降低公司各项成本呢？如表 15-2 所示。

第 15 章
企业进化：如何最大限度地提高公司利润

表 15-2 降低公司各项成本的方法

如何降低公司各项成本	详情
改革预算制度	创业者在制定预算制度之后，不仅要保证预算制度的可行性，还要保证它的法律效力，随着预算有效性增加，利润也会跟着增加
进行机构精简	由于北宋厚养士人，导致官僚机构臃肿，国库空虚，因此出现后来的"熙宁变法"。一个公司也是这样，机构不能太臃肿，否则不但会增加公司的成本，同时也会拖慢公司效率
精简公司库存	合理安排公司的库存，做到不积压库存，循环取货，与商家建立良好的互动
削减采购成本	在不影响公司前途和产品质量的前提下，应尽量削减采购成本，减少公司过大的成本压力

15.2.2　拥有大格局

要想一个公司生生不息，除了要长期获取利润、使公司得到外，作为公司创业者，还要考虑到公司未来的格局，正如刘邦评价张良一样："运筹于帷幄之中，决胜于千里之外。"一个公司的创业者或领导人就应该具备这样的能力，事不必躬亲，但未来公司的发展和计划都了然于胸。

1．如何拥有大格局？

既然一个公司的创业者和领导人心中要有大格局，那创业者需要什么样的特质才能胸中拥有大格局？所谓大格局如表 15-3 所示。

表 15-3 创业者如何才能拥有大格局？

创业者如何拥有大格局？	详情
国际化的视野	一个企业能走多远，多半在于上层的决策。一个拥有大格局的公司是肯定具有国际化的视野的，能从全局把控整个公司的运行
具有人文关怀	一个真正有格局的公司是具有人文关怀，能够为这个世界付出自己的努力
勇于担当责任	一个真正有格局的企业是敢于担当，能够不断适应新的事物，可以为自己的所作所为负责

2．如何回归商业本质？

一个公司除应拥有大格局之外，还需要回归商业本质，需要近些年来媒体常用的那个词——"工匠精神"。那一个公司怎么回归商业本质呢？

(1) 用产品来说话。
(2) 升级思维。

第 16 章

创业陷阱：盘点初创公司最常见的陷阱

学前提示

创业者在创业过程中很容易遇到很多问题，比如资金短缺、管理制度问题、员工问题等，但是这些问题还是其次的，是比较好解决的。初创公司最容易遇到的便是股权难题，最为人熟知的便是"罗辑思维"的罗振宇与其合伙人因为股权问题而分道扬镳。

要点展示

- 股权陷阱，三个问题
- 股权融资，两个注意事项

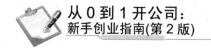

16.1 股权陷阱，三个问题

对于创业者而言，初创企业在制定合伙人机制时，除了要选择合理的股权分配方式外，还要避免常遇见的股权陷阱。

16.1.1 股权架构问题

对于创业者来说，合理的股权结构设计，对公司的发展有着举足轻重的影响。因为一旦确定了股权结构，尤其是在工商管理机关进行了登记，是很难再修改的。因此，初创企业在做股权结构设计时，一开始就必须做到位。

一旦企业的股权架构出现问题，可能会产生一系列不良后果，可能会造成团队的分裂，导致创业失败。下面总结了一些股权分配常见的大坑。

(1) 平均分配股权。
(2) 企业的带头人不清晰。
(3) 公司自然人股东非常多。
(4) 没有预留部分股权和期权。
(5) 企业大量股份被外部投资人控制。
(6) 股权池中的资金股份占比非常高。
(7) 股权架构完全按照出资比例来分配。
(8) 将大部分企业股权分配给非全职人员。
(9) 企业内部全都是员工，不存在合伙人。
(10) 过于重视资金的重要性，而忽略人才。
(11) 创始人没有给自己制定合理的退出机制。
(12) 股权协议中没有制定配偶股权的退出机制。
(13) 股权协议中没有制定继承股权的退出机制。
(14) 创始人给合伙人制定了不公平的强制性的退出机制。

总之，股权分配的重点在于平衡"人"和"钱"，如果在初创期股权架构就出现了问题，那么随着公司的发展，这些问题会不断地被放大，越往后越难治理，常见的后果如图16-1所示。

因此，初创企业在设计股权架构时，一定要考虑下面这些因素，如图16-2所示，为今后的发展打下坚实的基础。

第 16 章
创业陷阱：盘点初创公司最常见的陷阱

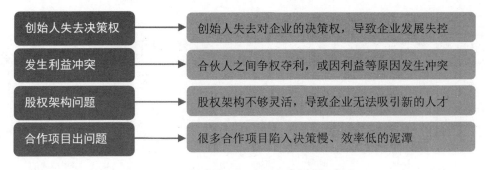

图 16-1　不合理的股权架构容易导致的结果

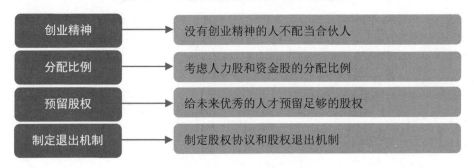

图 16-2　设计股权架构要考虑的因素

16.1.2　分配股权问题

在分配股权时，初创企业还需要小心防范一些陷阱。在此特别强调，千万不能触碰这些陷阱，否则会严重影响公司的发展。

1. 三大陷阱

股权分配时常见的三大陷阱，如表 16-1 所示。因此，初创企业要尽量设计动态股权机制，通过优胜劣汰的方法来最大程度地激励人才，从各方面实现"平衡的艺术"，如表 16-2 所示。

表 16-1　股权分配时常见的三大陷阱

股权分配陷阱	详情
平均分配股权	(1)预留股权不好分配； (2)企业的控制权难以分配； (3)合伙人贡献不同容易导致发生内部争斗
外部股权过多	(1)控制权旁落； (2)团队凝聚力不强； (3)核心创业者的股权比例过低
过早分配股权	(1)股权分配的合理性无法论证； (2)不能有效激励人才

表 16-2　股份配股权要实现"平衡的艺术"

股权分配陷阱	详情
劣汰	(1)短期能力； (2)个人能力
优胜	(1)将权力集中于调动团队积极性的平衡； (2)长期潜力； (3)整合资源

2．如何面对失败？

正所谓"失败是成功之母"，面对失败，我们不能灰心丧气，要善于学会总结，将所有失败的经验教训列出来，在下一次的创业过程中要避免这些问题不重犯。下面列出了一些创业失败的原因。

(1) 没有做好成本控制，导致资金流断裂。

(2) 创业项目没有投资价值，没有考虑充分。

(3) 直接抄袭别人的商业模式，转型失败。

(4) 产品无市场需求，没有用户痛点。

(5) 没有找到合适的团队和合伙人。

(6) 行业竞争太过激烈，自身无明显优势。

(7) 股权架构设计不合理，投资者和优秀人才进不来，内部矛盾冲突不断。

当然，每一个结果，都能找到相对应的缘由。因此，我们在创业失败后，要从根源上寻找原因，找到真正的症结所在，在以后的创业过程中不走弯路，规避再次陷入风险。很多成功的创业家都是经历了反复的失败和磨炼，但是他们有容忍失败的能力，能够保持良好的心态，将事业坚持下来，最终才会获得的成功。

16.1.3　股权激励问题

很多公司会采用股权激励制度，但其中的六大陷阱创业者必须加以注意。

1．重人情轻规则

在股权激励实施过程中，在面对人情与规矩时，千万不要让人情左右了规则。讲人情固然重要，但这并不意味着一味地退让或无视规则。

在企业里面，人情与规则产生冲突的情况比比皆是。其实，规则就是用来约束与管制人的私欲的办法和措施，必须具有一定的权威。如果总是让人情打破规则，那么规则设立的意义也就不复存在了。其实，人情与规则的关系也绝非势不两立，企业在制定相关制度时，应该在恪守规则的前提下，让规则充满人情的温度，如图16-3所示。

第 16 章
创业陷阱：盘点初创公司最常见的陷阱

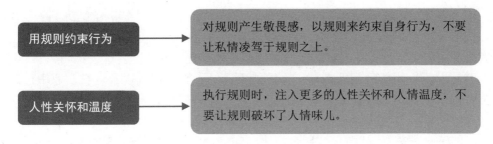

图 16-3　让规则充满人情味的方法

2．只交心不交钱

虽然说朋友可以交很多，但真正能交心的却不多，因此很多人非常在乎这些交心的朋友，从而忽视了金钱方面的个人利益。这样，那些善良的人、老实的人，总会默默付出不求回报，这对于他们来说是非常不公平的。

在实施股权激励计划时，企业需要一视同仁，不管感情有多深厚，都要以企业利益为重，企业有利益，个人才会有利益。光交心不交钱，只会让企业中的懒惰分子越来越多，他们只想索取而不愿付出，这样的人对于企业发展来说没有任何价值。人都是自私的，这是人性，所有的管理，都要基于人性。道德不能要求别人，只能要求自己。所以，企业必须通过合理的股权激励制度设计去规避这些缺点。

3．光说说无行动

不行动，梦想只是好高骛远，不执行，目标只是海市蜃楼。

进行股权激励也是同样的道理，如果企业的股权激励方案永远只是挂在嘴上，只会写在纸上，或者只是一个 PPT，而不去执行它，方案只能落空。

很多人在同一个岗位上做着同样的事情，结果很多年后，有些人依然做着同样的事情，甚至有些人还丢了"饭碗"，而有些人却不断加薪升职，成了企业中不可或缺的核心人才。其中，起决定性作用的因素，便是个人执行力。如图 16-4 所示，这是打造超强执行力的三个必备要素。

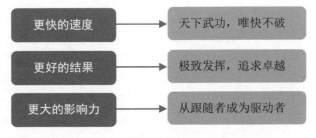

图 16-4　打造超强执行力的三个必备要素

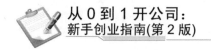

4. 缺乏忠诚度

很多打工者都会有这样的工作体会，那就是刚进入一家企业时干劲十足，甚至在完成一个项目后会觉得身心舒畅，非常有成就感。这是因为你在工作中将自己的价值发挥出来了，赢得了老板、经理和同事们的信任，从而产生了一种归属感。

但是，随着职场时间的推移，你的能力已经不断地得到提升，在企业中已经很难再有升职加薪的机会，或者因为自己的能力很高想得到一个更高的薪资水平或者发展平台，抑或是觉得自己的付出和回报已经完全不成正比了。此时，便会产生心理失衡的感觉，并有跳槽的行为。对于原企业老板来说，这些人是不够忠诚的。

当然，优秀的员工跳槽，这是所有企业都会遇到的事情，并不完全是员工的错，企业也有很大的责任。如有的老板不能兑现承诺，或者是对不同员工存在双重标准的态度，这两种行为都会大幅减弱员工的向心力，难以让他们为老板效忠。

5. 拉帮结派现象

在一个企业中，有高级管理者，那么他们下面必然也有基层管理者。例如，股东包括了执行董事和监事，他们下面又有总经理，再下面的高级管理层还有战略投资委员会、预算考核委员会、质量技术委员会、项目发展委员会等，基层管理还有项目扩展部、规划设计部、采购管理部、工程管理部、市场营销部、人力资源部、客户服务部等部门。这些基层管理者通常会负责不同的业务，他们彼此的管理风格和做事风格都会有区别，而且很容易出现拉帮结派的现象，从而出现各种矛盾和纠纷。

拉帮结派是团队建设的大忌，必须坚决制止。越是规则公开的企业越不容易产生问题，越是什么规则都不明朗的企业，越是让员工有拉帮结派的需求和机会。拉帮结派通常是管理层的问题，管理者一定要学会分化瓦解企业中的各种"帮派"，明确表态：鼓励团结合作，但反对建立个人小圈子，反对拉拢一帮人打击另一帮人。同时，在平时的管理过程中，也要软硬兼施、恩威并施，这样才能管好自己的手下。

6. 掌握经营之道

随着时代的快速发展，我们如果用现在的眼光去看过去的，那么就会发现现在其实都是不确定的，而未来也是同样的道理，充满了不确定因素。但是，在实施股权激励计划时，如果也是这种想法，给激励对象一个不确定的未来，那么又有谁敢参与你的计划？毕竟员工在公司里辛辛苦苦地工作，还是抱着公司能够给他们带来美好未来的愿望。既然企业给不了员工现在的承诺，那就要给予员工希望与未来。

俗话说"火车跑得快，全凭车头带"，但是只靠车头带着跑的火车到底能跑得多快呢？如今，动车、高铁的速度已经远远地超过了普通的火车，那是因为它们每一个车厢都有一台发动机，正所谓人多力量大，大家齐心协力共同发力，速度当然

第 16 章
创业陷阱：盘点初创公司最常见的陷阱

快了。企业发展的道理其实也是一样，如果一个企业只靠老板一个人带着，肯定难以跑赢老板和员工上下齐心协力的企业，这便是不同的格局，造就了不同的结局。

因此，企业越小越要进行股权激励，因为和大企业相比，小企业一无资金，二无技术，三无品牌，那靠什么吸引和留住人才呢？靠的就是股权激励，有利于实现企业的长远、持续、快速发展。

16.2 融资融资，两个注意事项

股权融资非常重要，做得好可以通过它组建紧密合作、如狼似虎的灵魂团队；做得不好，轻则团队分崩离析，重则创始人被踢出局。

16.2.1 注意股权融资陷阱

首先创始人要学会识别冒牌投资公司，可以去工商局或者通过互联网查询他们有没有注册登记，这是最靠谱的方法。另外，对于那些热衷于打广告的投资公司，也不要轻易相信，不能被他们的表象迷惑。很多公司虽然进行过工商注册登记，而且有高档豪华的办公场所，甚至取一些冠冕堂皇的名字，但创业者也不可轻易相信他们。

一方面，那些冒牌投资公司的员工素质普遍不高，缺乏相关的业务知识，只要与其进行深入的沟通，如企业的发展前景、项目的战略规划等，即可发现他们本身的问题。另一方面，这些冒牌投资公司对于自身实力也非常清楚，因此他们更青睐于找那些没有相关经验的企业，从而对这些企业进行诈骗。异地行骗也是冒牌投资公司常用的伎俩，这样不容易被人识破。下面介绍一下常见的融资陷阱。

(1) 开出的融资条件非常诱人，以骗取创业者的信任。
(2) 签订不合理的邀请协议，以骗取创业者的实地考察费。
(3) 投资协议非常苛刻，违约条款不合理，以骗取保证金。

具体来说，投资者的防范方法有三种：彻底调查投资人，注意他们的态度和专业性；小心谨慎，避免合同诈骗，保护好企业的核心机密；不慎被骗后要及时报警，依法起诉冒牌投资机构。

16.2.2 注意股权融资风险

股权融资是一个人人艳羡的美好东西，表面上市场一片繁荣的景象，但实际上里面却危机重重。如图 16-5 所示，为股权融资存在的主要风险。

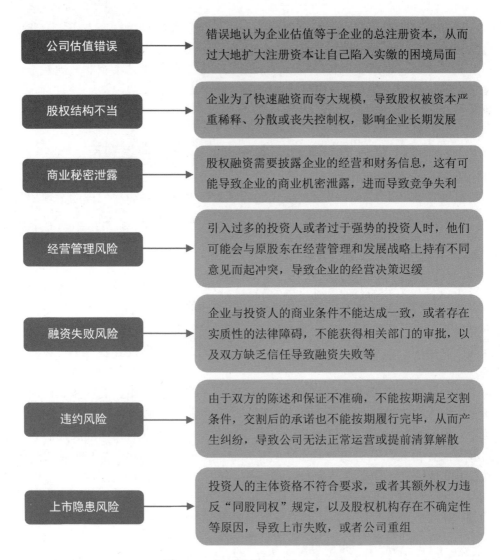

图 16-5　股权融资存在的主要风险

下面介绍这些风险的防范方法。

(1) 公司估值错误：根据企业的主营业务、产品销售、客户数量、商业模式、团队能力、市场潜力和行业状况等，进行综合评估，得到合理的价格。

(2) 股权结构不当：股权结构和董事会结构都需要进行合理调整，以保证控制权在企业手中，避免产生内耗。

(3) 商业秘密泄露：投资人或机构要签保密协议，并严格遵守，企业可以根据信息的保密程度来分类保存，并且做好相关操作人员的保密培训工作。

(4) 经营管理风险：在不影响企业正常运营的前提下，根据企业的实际情况来确定投资人的否决权,并建立合理合规的冲突解决机制。

(5) 融资失败风险:企业的股权融资定位一定要准确,并确定合理的估值和其他商务条件。同时,交割条件不要设置过度,并且应和政府部门保持良好关系,以及建立合理的谈判机制。

(6) 违约风险:企业需要真实准确的批量信息,并且重视合同交代的相关义务,同时做好限制赔偿责任。

(7) 上市隐患风险:企业需要认真审核投资人的主体资格,遵循"同股同权"的规定,提前沟通,合理规定否决权,并谨慎使用"对赌条款"。